Marie-Luise Pörtner
Die Blockfreien-Bewegung seit 1989

Marie-Luise Pörtner

Die Blockfreien-Bewegung seit 1989

Mit einem Geleitwort von Prof. Dr. Klaus Dicke

DUV Springer Fachmedien Wiesbaden GmbH

Die Deutsche Bibliothek – CIP-Einheitsaufnahme

Pörtner, Marie-Luise:
Die Blockfreien-Bewegung seit 1989 / Marie-Luise Pörtner.
Mit einem Geleitw. von Klaus Dicke. –
Wiesbaden : Dt. Univ.-Verl., 1997
  (DUV : Sozialwissenschaft)

Der Deutsche Universitäts-Verlag ist ein Unternehmen
der Bertelsmann Fachinformation.

© Springer Fachmedien Wiesbaden 1997
  Ursprünglich erschienin bei Deutscher Universitäts Verlag 1997
Lektorat: Claudia Splittgerber

Gedruckt auf chlorarm gebleichtem und säurefreiem Papier

ISBN 978-3-8244-4209-6   ISBN 978-3-663-08377-1 (eBook)
DOI 10.1007/978-3-663-08377-1

Zum Geleit

Ist die Bewegung der „blockfreien" Staaten heute noch mehr als eine an den Rändern bröckelnde Interessengruppe oder Fraktion in globalen internationalen Organisationen, deren Existenzgrundlage mit der Überwindung des Ost-West-Gegensatzes weggefallen ist ? Es war das vom „kalten Krieg" geprägte internationale System der fünfziger und sechziger Jahre, welches den idealen Hintergrund für die Entstehung und politische Entfaltung der Bewegung der Blockfreien bot. Im Schatten der Systemkonkurrenz der beiden Blöcke formierte sich eine Koalition von zumeist im Zuge der Entkolonialisierung neu entstandenen Staaten der sogenannten „Dritten Welt", welche vor allem aufgrund ihrer Mehrheit in der Generalversammlung der Vereinten Nationen bis Ende der achtziger Jahre einen Machtfaktor in der internationalen Politik von beachtlicher Kohärenz darstellte. Mit dem Ende des Ost-West-Konflikts schien jedoch die raison d'être dieser Koalition hinfällig. Verloren die Blockfreien an politischer Relevanz, oder aber konnten sie sich auf die neuen weltpolitischen Gegebenheiten einstellen ? Wie bestimmten und bestimmen sie ihre politische Position im weltpolitischen Wandel der neunziger Jahre ?

Diesen Fragen geht die hier vorgelegte Arbeit von Marie-Luise Pörtner nach. Die darin dokumentierten und analysierten Positionsbestimmungen der Blockfreien vor allem auf den Gipfeln von Belgrad, Jakarta und Cartagena weisen in der politischen Programmatik des scheinbaren Relikts aus der Zeit der Blockkonfrontation Konstanten, aber auch politische Wandlungstendenzen auf, welche die Grundlage für eine weltpolitische Neubestimmung dieser für die internationale Politik des 20. Jahrhunderts durchaus prägenden internationalen „Partei" darstellen können. Es werden aber auch Anforderungen benannt, an denen sich zeigt, daß von einer die Zukunft der Blockfreien sichernden programmatischen Umorientierung und Reform noch keineswegs die Rede sein kann.

Jenseits des dokumentarischen und zeitgeschichtlichen Wertes der Arbeit macht sie vor allem deutlich, wie stark die völkerrechtspolitischen Positionen der Blockfreien - und hier insbesondere ihr Souveränitäts- und Völkerrechtsverständnis selbst sowie ihr Programm zur Reform der Vereinten Nationen, zur Menschenrechtspolitik und Demokratie - von den die Entstehungsgeschichte der Blockfreien-Bewegung bestimmenden Faktoren geprägt sind. So ist die Studie nicht nur eine Bereicherung der zeitgeschichtlichen Literatur zur internationalen Politik; sie zeichnet darüber hinaus ein weltpolitisches Gesamtprogramm nach, das nicht nur deshalb nachdenkenswert ist, weil es von einer Mehrheit der Staaten getragen wird. Die Lektüre ist für jeden anregend, der an einer auch selbstkritischen Meinungsbildung über globale politische Fragen der Gegenwart interessiert ist.

Prof. Dr. Klaus Dicke

Vorwort

Sich heute, das heißt über zehn Jahre nach dem Beginn des Tauwetters zwischen Ost und West und fast sechs Jahre nach dem Zerfall des Warschauer Paktes mit der Blockfreien-Bewegung zu beschäftigen, mag auf den ersten Blick nicht gerade aktuell erscheinen oder dem in den westlichen Industriestaaten vorherrschenden „Forschungsmainstream" entsprechen. Ganz anders als in vielen Mitgliedstaaten der Bewegung wird diese in Europa und den USA angesichts des Zusammenbruchs des „real existierenden Sozialismus'" und der Auflösung des bipolaren Blocksystems in der Regel als Relikt des Kalten Krieges und damit als „auslaufendes Modell" betrachtet.

Daß die über nahezu drei Jahrzehnte als durchaus ernstzunehmende Akteure der Weltpolitik geltenden Blockfreien von Politik, Wissenschaft und Öffentlichkeit heute kaum mehr wahrgenommen werden, bedeutet meines Erachtens jedoch nicht, daß die Bewegung nach dem Ende des Ost-West-Konflikts zwangsläufig irrelevant, ihre Ziele und Forderungen uninteressant oder illegitim wären. Um Aussagen hierüber zu treffen, bedarf es vielmehr einer genauen Untersuchung der Entwicklung sowohl der Blockfreien-Bewegung als auch der internationalen Beziehungen seit 1989.

In Anbetracht der mit dem Wegfall der Ost-West-Konfrontation eher noch zunehmenden Vernachlässigung der Probleme und Interessen militärisch und / oder wirtschaftlich schwacher Staaten und deren Bevölkerungen habe ich mich bemüht, diese Untersuchung so unvoreingenommen, das heißt frei von westlich geprägten Sichtweisen wie möglich vorzunehmen.

Eine erste Fassung dieser Arbeit wurde vom Fachbereich Sozialwissenschaften der Johannes Gutenberg - Universität Mainz als Hausarbeit zur Erlangung des Akademischen Grades eines Magister Artium angenommen.

Mein besonderer Dank gilt Herrn Prof. Dr. Klaus Dicke, der mir unzählige wertvolle Anregungen gab und mir darüber hinaus die Freude am wissenschaftlichen Arbeiten vermittelte. Danken möchte ich auch Stefan Dittrich, der mir immer mit Rat, Tat und Trost zur Seite stand.

Marie-Luise Pörtner

Inhaltsverzeichnis

Verzeichnis der Tabellen

Einleitung

Das mit dem Amtsantritt *Gorbatschows* als KPdSU-Generalsekretär eingeleitete und spätestens nach dem Fall der Berliner Mauer und den Revolutionen in Osteuropa unwiderruflich feststehende Ende des Ost-West-Konflikts brachte nicht nur für die beiden Supermächte USA und UdSSR und die sie umgebenden Blöcke tiefgreifende Veränderungen mit sich, sondern auch für die Block*freien*.

Die Blockfreien ohne Blöcke - dieses Paradoxon beinhaltet geradezu eine der beiden zentralen Fragen, mit denen sich diese Arbeit beschäftigt, nämlich die Frage, welchen Sinn, welche Existenzberechtigung die Bewegung nach der Auflösung des bipolaren Blocksystems noch hat.

Die Antwort hierauf schien vor allem im Westen rasch gefunden, vertraten doch sowohl Politiker als auch Wissenschaftler dort meist die Auffassung, daß die Blockfreien-Bewegung als „relevanter Faktor internationaler Politik ... wohl ausgedient"[1] habe. Ob dieses Urteil berechtigt oder aber nur ein Ergebnis „of etymological narrowness conveyed by the literal interpretation of the term"[2] ist, dies zu entscheiden, bedarf es zunächst einer genaueren Analyse des Konzeptes der Blockfreiheit.

In Kapitel 1 werden deshalb der historische Hintergrund der Blockfreiheit, die Enstehung der Blockfreien-Bewegung und deren Entwicklung bis zur achten Gipfelkonferenz 1986 beschrieben. Dabei soll zugleich versucht werden, in den Bereichen Mitgliedschaft, Institutionalisierung und Programmatik der Blockfreien-Bewegung diejenigen Aspekte herauszuarbeiten, die für die Zeit nach 1989 von besonderer Bedeutung sind.

Ob die Bewegung auch nach dem Ende der Ost-West-Konfrontation noch Relevanz besitzt, hängt darüber hinaus davon ab, wie sich die internationalen Beziehungen nach 1989 entwickelt haben bzw. mit welchen neuen Problemen und Bedrohungen sich die blockfreien Staaten konfrontiert sahen.

---

[1] *Winrich Kühne*: Die Nord-Süd-Beziehungen nach dem Ende des Ost-West-Konflikts. In: *Erhard Forndran* (Hrsg.): Politik nach dem Ende des Ost-West-Konflikts. Baden-Baden 1992, S. 79-97, dort S. 81.
[2] *M. Saleem Kidwai*: Relevance of Non-Alignment. In: Review of International Affairs Vol. 43, Heft 1004, S. 21-22, dort S. 22.

In den Kapiteln 2, 4 und 6, die jeweils einen Zeitraum von drei Jahren abdecken, werden diese internationale Entwicklung und insbesondere die aus der Sicht der Blockfreien wichtigen Ereignisse und Prozesse zwischen 1986 und 1995 dargestellt.

Die Analyse der Gipfelkonferenzen von Belgrad (1989), Jakarta (1992) und Cartagena (1995) dient dazu, eine zweite, eher auf die interne Funktionsweise der Bewegung abzielende Frage zu beantworten. Diese lautet: Wie hat die Blockfreien-Bewegung auf den weltpolitischen Wandel reagiert, wie versucht, sich der neuen Situation nach dem Ende des Ost-West-Konflikts anzupassen ?

Kapitel 3, 5 und 7, in denen diesen Aspekten nachgegangen wird, sind dabei so gegliedert, daß sich die von den Blockfreien 1989 in Belgrad verabschiedeten Erklärungen, Beschlüsse und Handlungsstrategien unmittelbar mit den Positionen der Bewegung vor 1989 bzw. drei und sechs Jahre später vergleichen lassen.

Gerade dieser Vergleich und eine zusammenfassende Betrachtung der Entwicklung der Blockfreien seit 1989 machen schließlich deutlich, daß sich die für den geringen weltpolitischen Einfluß und die mangelnde Effektivität der Bewegung hauptsächlich verantwortlichen internen Defizite seit dem Ende des Ost-West-Konflikts kaum verändert haben.

Inwieweit es den Mitgliedstaaten gelingt, diese (in Kapitel 8 dargestellten) Defizite in nächster Zukunft zu beseitigen, davon dürfte es jedoch abhängen, ob die zu Beginn aufgeworfene Frage nach der Relevanz einer 'Blockfreien-Bewegung ohne Blöcke' positiv beantwortet werden kann oder nicht.

Zu guter Letzt soll an dieser Stelle kurz auf zwei Probleme eingegangen werden, die sich aus der Beschäftigung mit der Blockfreien-Bewegung ergeben.

Da ist zum einen die Tatsache, daß sich deren Mitgliedstaaten insbesondere im wirtschaftlichen Bereich kaum von anderen, außerhalb der Bewegung stehenden oder der 'Gruppe der 77' angehörenden Entwicklungsländern abgrenzen lassen bzw. daß die Schwierigkeiten und Forderungen des Südens immer auch die der Blockfreien sind. Von spezifischen Merkmalen oder Verhaltensweisen der Bewegung zu sprechen, erscheint deshalb gerade auf dem Gebiet der Wirtschaft problematisch.

Zum anderen handelt es sich bei der Blockfreien-Bewegung um einen Zusammen-schluß von Staaten. Die Wünsche und Forderungen *der Blockfreien* entsprechen deshalb nicht unbedingt den Wünschen und Forderungen der jeweiligen Gesellschaften, das heißt der Menschen, die in diesen Staaten leben. Diese Unterscheidung ist insofern wichtig, als zahlreiche Mitgliedstaaten der Bewegung nicht über eine demokratische Regierungsform verfügen, auf sie ausführlich und konsequent einzugehen, würde allerdings den Rahmen dieser Arbeit sprengen. Vor allem im Zusammenhang mit den Themen 'Demokratie und Menschenrechte' wird diese Problematik jedoch behandelt, hier zeigt sich auch, daß Le-gitimität und Representativität zahlreicher in der Blockfreien-Bewegung vertretener Re-gierungen durchaus bezweifelt werden dürfen.

Kapitel 1

Die Blockfreien-Bewegung von ihrer Gründung 1961 bis zur achten Gipfelkonferenz 1986

1. Die Entstehung der Blockfreien-Bewegung

1.1. Der historische Hintergrund der Blockfreiheit

Als sich im September 1961 die Staats- und Regierungschefs von 26 Ländern zu einer Konferenz in Belgrad einfanden, lag dieser Zusammenkunft bereits eine gemeinsame politische Konzeption, ein System von Ideen zugrunde, das als Blockfreiheit bezeichnet wurde. Die Wurzeln dieser Blockfreiheit, verstanden als außenpolitische Orientierung einzelner Staaten, reichen somit weit in die Zeit vor 1961 zurück, genauer gesagt bis „tief in die antikolonialen, nationalen Unabhängigkeitsbestrebungen der Gesellschaften der Dritten Welt hinein"[1]. Der nach dem Zweiten Weltkrieg einsetzende Zerfall der Kolonialreiche ließ zunächst in Asien (Indien 1947, Birma 1948, Ceylon 1948 und Indonesien 1949), wenig später dann auch in Afrika (Sudan 1956, Ghana 1957) eine Vielzahl neuer Staaten entstehen. Als oberstes Ziel galt diesen jungen Akteuren der internationalen Politik die Erlangung der vollständigen staatlichen Souveränität, die sich jedoch nicht in der *formellen* völkerrechtlichen Anerkennung bzw. in der Aufnahme in die Vereinten Nationen erschöpfte. Nach Ansicht der damaligen Staatsführer beinhaltete Souveränität darüber hinaus eine gleichberechtigte Teilnahme an internationalen Entscheidungsprozessen sowie die *faktische* Unabhängigkeit eines Staates - und zwar sowohl im politisch-militärischen als auch im wirtschaftlichen, ideologischen und kulturellen Bereich.[2] Diesen Forderungen konnten sich auch zahlreiche andere Staaten (wie beispielsweise Ägypten, Äthiopien, Afghanistan, Irak, Jugoslawien, Kuba oder Saudi-Arabien) anschließen, die sich, obwohl seit längerem unabhängig bzw. niemals unter europäischer Kolonialherrschaft, als benachteiligt empfanden und auf ihr Recht pochten, „die eigene Politik im eigenen Interesse zu bestimmen und einen Einfluß auf die Weltpolitik auszuüben"[3].

---

[1] *Volker Matthies*: Die Blockfreien - Ursprünge, Entwicklung, Konzeptionen. Opladen 1985, S. 13.
[2] Vgl. *Leo Mates*: Es begann in Belgrad. Percha 1982, S. 35-38 und *Daniel Colard*: Le Mouvement des Pays Non-Alignés. Paris 1981, S. 33-37.
[3] Der indische Außenminister *Rao*, zitiert nach *Matthies*: Die Blockfreien ... (Anm. 1), S. 13.

Die Entwicklung der internationalen Beziehungen nach 1945, das heißt der Beginn des Kalten Krieges zwischen den USA und der Sowjetunion sowie die Herausbildung eines bipolaren Blocksystems standen der Verwirklichung dieser Ziele allerdings diametral entgegen. Die Unvereinbarkeit der westlichen und östlichen Gesellschaftsentwürfe und Ordnungsvorstellungen sowie die Entwicklung von Atomwaffen führten dazu, daß „die Abwehr der befürchteten Dominanz der Gegenseite zum vorherrschenden Imperativ der Sicherheitspolitik beider Seiten"[4] wurde. Der damit verbundene ständige Kampf der Supermächte um Einflußsphären und Ressourcen ließ jedoch immer mehr Regionen der Welt in den Sog der Ost-West-Spannung geraten und zu Schauplätzen nicht nur eines Kalten Krieges, sondern auch bewaffneter Auseinandersetzungen werden. Die meisten der asiatischen und afrikanischen Staaten, die in dieser Atmosphäre die internationale „Bühne" betraten, hatten somit nur die Wahl, sich einem der beiden Blöcke anzuschließen (und dabei ihre eben erst erkämpfte Unabhängigkeit und Entscheidungsfreiheit teilweise wieder zu verlieren sowie in einen Rüstungswettlauf zu geraten, der auf Kosten ihrer dringend notwendigen wirtschaftlichen und sozialen Entwicklung ging[5]) - oder aber block*frei* zu bleiben und frei von äußeren Zwängen ihre eigene, oftmals weder westlichen noch östlichen Vorstellungen entsprechende Politik zu bestimmen.[6]

Jawaharlal Nehru, indischer Premierminister von 1947 bis 1964, war der erste Staatsführer, der sich für die Blockfreiheit einsetzte und diese für sein Land proklamierte. Bereits im März 1947, auf einer Konferenz über asiatische Beziehungen erklärte er: „We propose to stand on our own legs and to cooperate with all others who are prepared to cooperate with us. We do not intend to be the plaything of others."[7] *Nehru*, der jede Form von Machtpolitik und das materialistische Grundprinzip sowohl der kapitalistischen als auch der kommunistischen Ideologie ablehnte[8], betrachtete Blockfreiheit als außenpolitische Strategie zur Verwirklichung seiner Ziele:

---

[4] *Wilfried Loth*: Ost-West-Konflikt. In: *Wichard Woyke* (Hrsg.): Handwörterbuch Internationale Politik. Opladen (6. Auflage) 1995, S. 370-378, dort S. 371.
[5] *Dilip Mohite* spricht von einer Wahl „between guns and bread". *Dilip Mohite*: Ideological Foundations of Nehru's Nonalignment. In: The Indian Journal of Political Science Vol. 53, Nr. 1 (January-March) 1992, S. 24-38, dort S. 24.
[6] Vgl. *B. Gopal*: Relevance of Non-Alignment. In: The Indian Journal of Political Science Vol. 52, Nr. 1 (January-March) 1991, S. 54-73, dort S. 55-57.
[7] Zitiert nach *D.R. Goyal*: Non-Alignment and Nehru. In: India Perspectives September 1989, S. 33-38, dort S. 35.
[8] Vgl. *Mohite* (Anm. 5).

6

„The pursuit of peace, not through alignment with any major power or group of powers, but through an independent approach to each controversial or disputed issue; the liberation of subject peoples; the maintenance of freedom, both national and individual; the elimination of racial discrimination; and the elimination of want, disease and ignorance which afflict the greater part of the world's population."[9]

Blockfreiheit war für *Nehru* somit keineswegs gleichbedeutend mit Neutralität im völkerrechtlichen Sinn, das heißt mit einer passiven, eher isolationistischen Haltung gegenüber weltpolitischen Problemen und Konflikten. Zwar galt das Konzept der Neutralität ebenfalls als geeignet, die Urteilsfreiheit eines Staates zu gewährleisten, im Rahmen der Blockfreiheit jedoch mußte „Unabhängigkeit des Urteils zu dynamischem Handeln und nicht zu Untätigkeit führen"[10].

Ein anderes, weniger von Idealismus und Universalismus geprägtes Verständnis von Blockfreiheit hatten die damaligen Minister- bzw. Staatspräsidenten Jugoslawiens und Ägyptens *Josip Broz Tito* und *Gamal Abd el Nasser*, die ebenfalls als Gründer des Konzeptes gelten. *Tito*, überzeugter Marxist-Leninist und seit 1937 Generalsekretär der Kommunistischen Partei, sah nach dem Bruch mit *Stalin* (Frühjahr 1948) in der Blockfreiheit die einzige Chance, ein unabhängiges Jugoslawien zu erhalten und zugleich sein eigenes Modell des Sozialismus' zu verwirklichen. Wichtigster Aspekt der Blockfreiheit war für ihn deshalb das Prinzip der friedlichen Koexistenz politisch und wirtschaftlich unterschiedlich organisierter Systeme.[11] Mit seiner Variante des arabischen Sozialismus' (auch 'Nasserismus'[12] genannt) verfolgte *Nasser* zwar ebenfalls einen „Dritten Weg" zwischen Kapitalismus und Kommunismus - im Gegensatz zu *Tito*, der zu beiden Blökken auf Distanz ging, nutzte der ägyptische Staatspräsident Blockfreiheit jedoch in erster Linie als „tactique opportuniste ... qui exploite à fond les rivalités bipolaires soviéto-américaines ... pour en tirer un maximum d'avantages dans tous les domaines."[13]

Wie *Nehru*, *Tito* oder *Nasser*, so hatten auch alle anderen Befürworter der Blockfreiheit ihre eigenen Auffassungen bezüglich der genauen Bedeutung dieses Begriffs. Einigkeit bestand indessen von Anfang an darin, daß Blockfreiheit im Sinne von Nicht-

---

[9] Zitiert nach *Goyal* (Anm. 7), S.36.
[10] *Rao*, zitiert nach *Matthies* (Anm. 1), S. 15.
[11] Vgl. *Mates* (Anm. 2), S. 67-69 und *Colard* (Anm. 2), S. 13-15.
[12] Vgl. *Hans-Peter Kotthaus / Mir A. Ferdowski*: Nasserismus. In: *Dieter Nohlen* (Hrsg.): Lexikon Dritte Welt. Reinbek bei Hamburg 1994, S. 498f.
[13] *Colard* (Anm. 2), S. 16.

zugehörigkeit zu den Blöcken nur ein erster Schritt auf dem Weg zur Verwirklichung der substantiellen, langfristigen Ziele (wie beispielsweise einer Demokratisierung der internationalen Beziehungen oder der Beseitigung des Nord-Süd-Gegensatzes) sein konnte. Der Ost-West-Konflikt gab zwar sowohl dem Konzept als auch der späteren Bewegung ihren Namen, immer wieder wurde jedoch betont, daß das Konzept „not negative but positive"[14] zu verstehen sei. So betrachtet, das heißt nicht als bloße Reaktion auf den Kalten Krieg, sondern als Mittel zur Erreichung der von *Nehru* genannten Ziele, hat die Idee der Blockfreiheit freilich auch nach der Ende der 80er Jahre beginnenden Auflösung des bipolaren Blocksystems nichts an Aktualität und Relevanz verloren.

Erwähnt werden sollte an dieser Stelle allerdings auch, daß die Blockfreien-Bewegung die Zweiteilung der Welt zwar entschieden verurteilte, das Blockdenken und die Konkurrenz zwischen den Supermächten, die ihr „a bargaining strength completely out of proportion to its true strength"[15] gaben, zugleich aber für ihre Zwecke zu nutzen wußte. Der Wegfall des Ost-West-Konflikts hatte somit durchaus negative Konsequenzen für die Bewegung, sah sie ihre Einflußmöglichkeiten auf die internationale Politik nun doch auf „a level many times smaller than its true proportions"[16] reduziert.

Die während des Ost-West-Konflikts bestehende bipolare Struktur des internationalen Systems spielte also mit Sicherheit eine bedeutende Rolle in der Frage, wie die Blockfreien ihre Vorstellungen in der Praxis um- bzw. durchsetzten. Auch dürfte, wie die Beispiele Indiens, Jugoslawiens und Ägyptens zeigen, die Entscheidung für eine blockfreie Außenpolitik auf den unterschiedlichsten nationalen Interessen basiert haben.

Den wichtigsten historischen Hintergrund und Entstehungskontext der Blockfreiheit bildet dennoch der Entkolonisierungsprozess. Durch ihn formte sich das Konzept der Blockfreiheit zudem in einer Weise, die es der Blockfreien-Bewegung nach 1989 schwer machte, sich der neuen weltpolitischen Situation anzupassen.

Als „problematisches Erbe" erwies sich dabei erstens die anti-kapitalistische Haltung der Blockfreien, die auf deren leidvollen Erfahrungen mit der Kolonialzeit bzw. auf der

---

[14] *Gopal*: Relevance ... (Anm. 6), dort S. 58.
[15] *C.G. Weeramantry*: Non-Aligned Movement: Some Issues for Consideration. In: Pakistan Horizon Vol. 42, Nr. 3-4 (Oct. 1989), S. 135-189, dort S. 136.
[16] Ebd., S. 137.

Ansicht beruhte, der Kapitalismus stelle die eigentliche Ursache von Imperialismus und Kolonialismus dar. Nur die Unterwerfung und Ausbeutung anderer Völker hätten es dem kapitalistischen Europa ermöglicht, „to guarantee its supply of raw materials and maximum profits"[17]. Diese Haltung, die den Blockfreien *vor* 1989 den Vorwurf eintrug, dem kommunistischen Lager anzugehören, ließ sie den *nach* 1989 einsetzenden „Siegeszug" des kapitalistischen Systems mit großer Skepsis betrachten.

Zu nennen ist zweitens das aus dem Befreiungskampf der Kolonien abgeleitete absolute Souveränitätsverständnis der Blockfreien. Da diese schon bald nach ihrer staatlichen Unabhängigkeit erkennen mußten, daß die Praxis des internationalen Systems in keinster Weise dem in der Charta der Vereinten Nationen anerkannten Souveränitätsprinzip entsprach, forderten sie eine Rückbesinnung auf die ursprüngliche, klassische Theorie „in which all nations, irrespective of size of area/population, economic/military strength, are and, function as, sovereign, independent and equal in the community of nations"[18]. Die blockfreien Staaten sprachen sich demzufolge auch entschieden gegen jeden Versuch einer Einmischung in ihre inneren Angelegenheiten aus, realisierten dabei jedoch nicht, daß dieser nationalstaatlich geprägte Souveränitätsbegriff in einer durch internationale Verflechtungen und Abhängigkeiten geprägten Welt in vielen Politikbereichen mit der Zeit als „ordnungs- und realpolitisch überholt"[19] galt.

1.2. Von der Blockfreiheit zur Blockfreien-Bewegung - der Beginn der Kooperation

Obwohl sich die Blockfreien-Bewegung erst 1961 offiziell formierte, bestanden auch vorher schon Formen der Kooperation zwischen blockfreien Staaten.

Diese entwickelten sich zum einen auf regionaler Ebene, so beispielsweise in Asien, wo es zwischen 1947 und 1954 zu mehreren Konferenzen und Abkommen kam, bei denen das Thema Blockfreiheit auf der Tagesordnung stand.[20] Hervorzuheben sind in diesem Zusammenhang die bereits erwähnte Konferenz über asiatische Beziehungen, die

---

[17] *A.W. Singham*: Einführung zu *A.W. Singham* (Hrsg.): The Non-Aligned Movement in World Politics. Westport, Conn. 1977, S. IV.
[18] *M.S. Rajan*: The Nonaligned Movement: Retrospect and Prospect. In: *M.S. Rajan*: The Future of Nonalignment and the Nonaligned Movement. Some Reflective Essays. Neu-Delhi 1990, S. 1-9, dort S. 4.
[19] *Reimund Seidelmann*: Souveränität. In: *Woyke* (Hrsg.) (Anm. 4), S. 398-403, dort S. 401.
[20] Vgl. *Colard* (Anm. 2), S. 19-21.

Anfang 1947 in Neu-Delhi stattfand und als „first expression of Asia's option for non-alignment"[21] gilt sowie der sogenannte 'Panch Shila', ein im April 1954 von *Nehru* und *Chou En-lai* unterzeichneter Vertrag, der die friedliche Koexistenz Indiens und Chinas zum Ziel hatte. Auch die Staaten des Nahen Ostens wandten sich, vor allem aus Enttäuschung über die USA und die Sowjetunion, die beide eine Teilung Palästinas und die Gründung des Staates Israel befürworteten, sehr früh von der Politik der Großmächte ab, um einen Kurs des Nichtengagements einzuschlagen.[22]

Innerhalb der Vereinten Nationen (VN) entstand zum anderen eine geographische Gesichtspunkte erstmals außer acht lassende ad-hoc-Kooperation in einzelnen Politikfeldern[23], die dadurch ermöglicht wurde, daß nahezu alle blockfreien Staaten (auch aufgrund ihrer kolonialen Vergangenheit) die gleichen wirtschaftlichen, sozialen und sicherheitspolitischen Interessen bzw. Probleme hatten. Was den wirtschaftlichen Bereich angeht, so schlossen sich bereits ab 1946 mehrere lateinamerikanische Länder, Ägypten, einige andere arabische Staaten sowie Indien und Jugoslawien zusammen, um in der Generalversammlung eine Ausweitung des seit November 1943 bestehenden, in erster Linie jedoch europäischen Staaten zugute kommenden Programms für technische Entwicklungshilfe (UN Relief and Rehabilitation Administration) zu fordern.[24] Als größeres Problem erwies sich allerdings schon bald der Kapitalmangel der Entwicklungsländer bzw. die Tatsache, daß Kredite der 1945 gegründeten Weltbank nur zu handelsüblichen und damit für die afrikanischen, asiatischen und lateinamerikanischen Mitgliedstaaten der VN unbezahlbaren Zinsen vergeben wurden. Zwischen 1949 und 1957 unternahmen Indien und andere, sich in der Mehrzahl zur Blockfreiheit bekennende, wirtschaftlich schwache Staaten deshalb zahlreiche Initiativen zur Schaffung neuer Entwicklungs- und Finanzinstitutionen, insbesondere einer 'United Nations Economic Development Administration' (UNEDA) und eines 'Special United Nations Fund for Economic Development'

---

[21] *Zivojin Jazic*: Non-Alignment and Asia. In: India Quarterly Vol. 44, Nr. 1-2 (January-June) 1988, S. 21-27, dort S. 22.

[22] Vgl. *Mates* (Anm. 2), S. 66f.

[23] Vgl. ebd. , S. 49-73.

[24] Nach einigen eher marginalen Verbesserungen für die Entwicklungsländer verabschiedete der ECOSOC schließlich am 15.8.1949 Res. 222 (IX), mit der das 'Expanded Programme of Technical Assistance for Economic Development of Underdeveloped Countries' EPTA) geschaffen wurde; vgl. *K.P. Saksena*: Reforming the United Nations. The Challenge of Relevance. Neu-Delhi, London, Newbury Park 1993, S. 26-29.

(SUNFED).[25] Diese Bemühungen scheiterten zwar am Widerstand der USA und anderer Industriestaaten[26], sie stärkten jedoch in erheblichem Maße das Zusammengehörigkeitsgefühl der beteiligten Akteure und stellten zugleich „an educative experience in multilateral diplomacy for the developing countries"[27] dar. Eine gemeinsame Position vertraten die blockfreien Staaten darüber hinaus in der Frage der Entkolonisierung. Indem sie sich vor allem im Vierten Hauptausschuß der Generalversammlung (dem 'Trusteeship-Committee') für die Interessen der Kolonialvölker einsetzten, trugen sie entscheidend dazu bei, eine breite Debatte über diese in der Charta der VN eher vernachlässigte Problematik in Gang zu bringen. 1950 dann kam es, aus Anlaß des Korea-Krieges, auch zur sicherheitspolitischen Kooperation. Nicht nur Jugoslawien, sondern auch Indien und die im Sicherheitsrat vertretenen arabischen Staaten plädierten, im Gegensatz zur Delegation der USA, für eine vermittelnde Haltung der Vereinten Nationen - eine Position, für die nun auch innerhalb der Weltorganisation der Begriff „nonaligned" verwendet wurde.

Als vielleicht wichtigste Zwischenstation auf dem Weg zur Blockfreien-Bewegung gilt jedoch die Konferenz von Bandung im April 1955, an der 29 Staaten aus Asien und Afrika teilnahmen. Dieser „congrès mondial des 'peuples de couleur'"[28], auf dem zahlreiche junge Staaten ihr internationales Debut gaben, ermöglichte es, das Thema Blockfreiheit erstmals auf breiterer Ebene zu diskutieren. Dabei kam es allerdings rasch zu einem Streit „über die Legitimität, die Art und das Ausmaß einer militärischen Zusammenarbeit mit den Blockmächten"[29]. Während Vertreter deutlich blockgebundener Staaten (wie zum Beispiel der Philippinen, der Türkei, der Volksrepublik China oder Nord-Vietnams) das Prinzip der friedlichen Koexistenz als „Mythos" bezeichneten und in der Zugehörigkeit zu einem der beiden Militärbündnisse die einzige Chance sahen, ihre Unabhängigkeit zu bewahren, beklagte *Nehru* „l'intolérable humiliation qu'il y a pour une nation africaine ou

---

[25] Vgl. *Saksena* (Anm. 24), S. 30-32 und *Rainer Tetzlaff*: Die Weltbank: Machtinstrument der USA oder Hilfe für die Entwicklungsländer ? München, London 1980, S. 260-263.
[26] Die Behauptung *Mates*' (Anm. 2, S. 53), diese Bemühungen hätten zur Gründung der International Finance Corporation (IFC) und der International Development Association (IDA) geführt, erscheint etwas euphemistisch, stand doch insbesondere hinter der Gründung der IDA vor allem das „aufgeklärte Selbstinteresse" der USA an weltweitem Handel und der Zahlungsfähigkeit der (von US-Unternehmen belieferten) Entwicklungsländer, an einer Unterstützung der anti-kommunistischen „Front" sowie an einem gleichmäßigeren 'burden sharing' unter den OECD-Staaten; vgl. *Tetzlaff* (Anm. 25), S. 258-294.
[27] *Saksena* (Anm. 24), S. 31.
[28] *Colard* (Anm. 2), S. 21.
[29] *Matthies* (Anm. 1), S. 23.

11

asiatique à se dégrader au rang de satellite d'un camp ou d'un autre"[30]. Obwohl sich am Ende die Position der Blockfreien durchsetzte[31], erkannten diese schon bald die Notwendigkeit, den regional begrenzten Rahmen der Konferenz von Bandung zu verlassen und stattdessen das Prinzip der Blockfreiheit zur entscheidenden Kooperationsgrundlage zu machen.

Erste Aktivitäten in diese Richtung entfalteten *Tito*, *Nehru* und *Nasser* bei ihrem Treffen in Brioni (Jugoslawien) im Juli 1956, in dessen Verlauf sie die Teilung der Welt in Machtblöcke entschieden verurteilten. Vier Jahre später dann machte diese Koalition, der nun auch Ghana unter *Kwame Nkrumah* und Indonesien unter *Ahmed Sukarno* angehörten, in der Generalversammlung der Vereinten Nationen auf sich aufmerksam, indem sie einen Resolutionsentwurf „über die Gewährung der Unabhängigkeit an Kolonialländer und -völker" einbrachte, der mit neun Enthaltungen, aber ohne Gegenstimme verabschiedet wurde (Res. 1514 (XV) vom 14. 12. 1960). Unter dem Eindruck dieses Erfolges, der Unabhängigkeit zahlreicher afrikanischer Staaten und eines sich verschärfenden Ost-West-Konflikts trafen sich im Juni 1961 Vertreter von 21 Staaten in Kairo, um die Tagesordnung einer für September geplanten Gipfelkonferenz blockfreier Staaten festzulegen und darüber zu entscheiden, welche weiteren Länder eingeladen werden sollten. Zu diesem Zweck wurden fünf Voraussetzungen formuliert, die ein Land erfüllen mußte, um als blockfrei zu gelten:

1. Das Land soll eine unabhängige, auf der Koexistenz von Staaten mit verschiedenen politischen und gesellschaftlichen Systemen und auf Nichtpaktgebundenheit begründete Politik betreiben oder eine Tendenz zur Durchführung einer solchen Politik aufzeigen;
2. das Land soll dauerhaft die nationalen Befreiungsbewegungen unterstützen;
3. das Land darf nicht Mitglied eines multilateralen militärischen Bündnisses sein, das im Kontext des Konflikts zwischen den Großmächten abgeschlossen wurde;
4. falls das Land ein bilaterales militärisches Bündnis mit einer Großmacht geschlossen hat oder Mitglied eines regionalen Verteidigungspaktes ist, darf dieses Bündnis oder dieser Pakt nicht ausdrücklich im Kontext des Konflikts der Großmächte geschlossen sein;
5. falls das Land einer fremden Macht die Benutzung von militärischen Stützpunkten gewährt hat, darf diese Konzession nicht in den Kontext des Konflikts zwischen den Großmächten einbezogen sein.

---

[30] Zitiert nach *Colard* (Anm. 2), S. 23.
[31] Prinzip 6a der 'Zehn Prinzipien von Bandung' schreibt vor, auf Vereinbarungen über kollektive Verteidigung zu verzichten, die den besonderen Interessen einer der großen Mächte dienen, vgl. *Mates* (Anm. 2), S. 44f.

Diese Kriterien[32], die auch vor späteren Blockfreien-Konferenzen als Richtlinie für die Aufnahme neuer Mitglieder dienten, waren allerdings von Anfang an umstritten, da die Unbestimmtheit zahlreicher Formulierungen selbst solchen Staaten die Zugehörigkeit zur Blockfreien-Bewegung ermöglichte, die Beistandspakte und militärische Kooperationsabkommen mit den Großmächten oder mit blockgebundenen Staaten abgeschlossen hatten[33]. Der indische Autor *Rajan* stellt dann auch fest: „Any and all departures from these criteria can be - and have been - justified by each statesmen, according to their respective national interests.“[34] Gerade hierin liegt jedoch einer der Hauptgründe für die geringe Glaubwürdigkeit und das negative Image, das der Bewegung bis heute anhaftet.

2. Die Entwicklung der Blockfreien-Bewegung

2.1. Mitgliedschaft und Institutionalisierung

In den 25 Jahren von der ersten bis zur achten Gipfelkonferenz der Blockfreien-Bewegung wuchs die Zahl der Mitgliedstaaten von anfänglichen 26 auf 101 (vgl. Tabelle 1).

Zu Veränderungen in der Mitgliedstruktur und damit auch im Charakter der Bewegung kam es dabei vor allem zwischen 1970 und 1983, als immer mehr mittel- und südamerikanische Staaten der Bewegung beitraten. Diese hatten ihre Unabhängigkeit deutlich früher erlangt als die asiatischen und afrikanischen Staaten und im Bereich der internationalen Politik demzufolge sehr viel mehr praktische Erfahrung gesammelt.[35] Da sie darüber hinaus an guten Beziehungen zur nahen Großmacht USA interessiert waren, eine eher westlichen Vorstellungen entsprechende Rechtsauffassung vertraten und sich der Bewegung in erster Linie aus wirtschaftlichen Gründen anschlossen, standen sie den nicht selten ideologisch geprägten politischen Forderungen der Blockfreien skeptisch bis ablehnend gegenüber.

---

[32] Abgedruckt bei *Matthies* (Anm. 1), S. 24f.

[33] Übersichten hierzu finden sich bei *Matthies* (Anm. 1), S. 127 und *Miles D. Wolpin*: Third World Non-Alignment: Does It Make a Difference ? In: Bulletin of Peace Proposals Vol. 20 (1) 1989, S. 99-112.

[34] *M.S. Rajan*: The Policy and Movement of Nonalignment: Unsatisfactory Correlation. In: *Rajan*: The Future of ... (Anm. 18), S. 114-121, dort S. 116.

[35] Etwa im Rahmen der seit 1889 bestehenden interamerikanischen Zusammenarbeit, der 1948 gegründeten Organization of American States OAS oder in der Gründungsphase der Vereinten Nationen; zu letzterem vgl. *Klaus Dicke*: Effizienz und Effektivität internationaler Organisationen. Berlin1994, S. 79f (mit weiterem Nachweis).

Tabelle 1

Die Mitgliedstaaten der Blockfreien-Bewegung (Beitritte zwischen 1961 und 1986)

	Asien und Pazifischer Ozean	Arabische Staaten und Nordafrika	Afrika südlich der Sahara	Europa	Mittel- und Süd- amerika	Summe
1961 **Belgrad**	Afghanistan Birma **Indien** **Indonesien** Kambodscha Nepal Sri Lanka	**Ägypten** Irak Nord-Jemen Libanon Marokko **Saudi-Arabien** Syrien Tunesien	**Äthiopien** Ghana Guinea Mali Sambia Somalia Sudan Zaire	Jugoslawien Zypern	Kuba	26
1964 **Kairo**	Laos	Algerien Jordanien **Kuwait** Libyen Mauretanien	Benin Burundi Kamerun Kenia Kongo Liberia Malawi **Nigeria** Senegal Sierra Leone Tansania Togo Tschad Uganda Zentralafr. Rep.			47
1970 **Lusaka**	Malaysia **Singapur**	Süd-Jemen	Äquatorial-Guin. Botswana Gabun Lesotho Ruanda Swasiland		Guyana Jamaika Trinidad / Tobago	59
1973 **Algier**	**Bangladesch** Bhutan **Vietnam**	Bahrain **Katar** Oman **Vereinigte Arab. Emirate**	Elfenbeinküste Gambia Madagaskar Niger Obervolta	Malta	Argentinien Chile Peru	75
1976 **Columbo**	Nord-Korea	PLO	Angola Guinea-Bissau Kapverden Komoren Malediven Mosambik São Tomé und P. Seychellen		Panama	85*

* Chile wurde nach dem gewaltsamen Sturz der Allende-Regierung durch General Pinochet (Sept. 1973) nicht mehr zu den Konferenzen der Blockfreien-Bewegung eingeladen

1979 Havanna	Pakistan Surinam	Iran		Dschibuti SWAPO		Belize Granada Nicaragua	93
1983 Neu-Delhi	Vanuatu			Mauritius Zimbabwe		Bahamas Barbados Bolivien Ecuador Kolumbien Sta. Lucia	101**
1986 Harare							101

** Birma gab nach der sechsten Gipfelkonferenz in Havanna seinen Austritt aus der Blockfreien-Bewegung bekannt

Fettdruck: Staaten mit über 50 Mio. Einwohnern (Stand 1994) oder einem BSP pro Kopf von über 10 000 US-Dollar pro Jahr (Stand 1994)
Quellen: Vereinte Nationen 1/1996, S. 40; Weltentwicklungsbericht 1996, S. 222f.

Doch nicht nur der Beitritt der lateinamerikanischen Staaten, auch zahlreiche andere Faktoren ließen die Bewegung immer uneinheitlicher werden, so zum Beispiel der wirtschaftliche Aufstieg einiger arabischer, asiatischer und südamerikanischer Staaten oder die fortschreitende Differenzierung im Bereich der politischen Systeme.[36]

Die kontinuierlich steigende Zahl der Mitgliedstaaten und die dadurch zunehmende Heterogenität der Bewegung wirkten sich insgesamt eindeutig negativ auf deren Beschluß- und Handlungsfähigkeit aus. Die blockfreien Staaten waren sich dessen zwar bewußt, befanden sich jedoch (ebenso wie die 1964 gegründete 'Gruppe der 77') insofern in einem Dilemma, als das einzige internationale Forum, in dem sie angesichts ihrer militärischen und wirtschaftlichen Schwäche Einfluß auf die Weltpolitik nehmen konnten, die auf dem Prinzip des 'one State-one vote' beruhende Generalversammlung der Vereinten Nationen war. Je mehr Staaten also der Bewegung beitraten, desto eher konnte sich diese in der Generalversammlung durchsetzen - allerdings um den Preis einer „Verwässerung" ihrer Positionen und der immer häufigeren Nichtlösung von Problemen.[37]

Die Zunahme divergierender Interessen und der daraus resultierende erhöhte Koordinationsbedarf innerhalb der Bewegung waren auch ein Grund für die in den 70er Jahren einsetzende Institutionalisierung.[38] Sahen die Blockfreien nach ihren ersten zwei

---

[36] Vgl. *Matthies* (Anm. 1), S. 36.
[37] Vgl. ebd. S. 41.
[38] Vgl. *Zivojin Jazic*: Institutionalismus und Blockfreiheit. In: Internationale Politik 39. Jg. (1988) Heft 916, S. 6-9 und Heft 917, S. 23-26 (zwei Teile), *Matthies* (Anm. 1), S. 33-35 und 113f und *Colard* (Anm.2), S. 97-107.

15

Gipfelkonferenzen noch keine Notwendigkeit, zusätzliche Entscheidungsorgane oder Mechanismen zur Durchsetzung von Beschlüssen zu schaffen, so entwickelten sie ab 1970 eine immer komplexere Organisationsstruktur. Als deren wichtigste Elemente gelten seither die alle drei Jahre stattfindenden Gipfelkonferenzen, die sogenannte 'Koordinierende Präsidentschaft', die Außenministerkonferenzen zu aktuellen Themen oder zur Vorbereitung der Gipfeltreffen, das Koordinationsbüro mit Sitz in New York sowie zahlreiche Arbeitsgruppen für Aufgaben in den Vereinten Nationen oder zur Koordinierung der kulturellen und wirtschaftlichen Zusammenarbeit.

Über diese Vielzahl an Organen darf allerdings nicht übersehen werden, daß sich die Blockfreien insgesamt eine eher lockere Organisationsform bewahrt haben, daß sie weder über eine Satzung oder ein ständiges Sekretariat noch über einen Verwaltungsapparat mit zentraler Exekutive verfügen. Diese Absage an feste, dauerhafte Strukturen wird oftmals als Beweis für die friedliebende, universalistische und demokratisch-egalitäre Gesinnung der Blockfreien gewertet, die angesichts der durch den Ost-West-Konflikt angespannten Weltlage ein blockähnliches Auftreten um jeden Preis verhindern und allen Mitgliedern gleiche Partizipationschancen einräumen wollten.[39] Verwiesen wird in diesem Zusammenhang meist auf das von der Blockfreien-Bewegung praktizierte Konsensverfahren, mittels dessen sie durch „Verstehen und Achtung verschiedener Standpunkte ... zu einem Einvernehmen durch einen aufrichtigen Anpassungsprozess zwischen den Mitgliedsländern"[40] kommt. Die Praxis allerdings zeigt, daß auch dieses Verfahren nicht frei von Manipulation und Machtpolitik ist. Gerade das starre Festhalten am Konsensprinzip eröffnet einflußreichen Staaten die Möglichkeit, durch eine destruktive Haltung Beschlüsse zu verhindern und so ihre nationalen Interessen durchzusetzen: „Not infrequently do the consensus decisions of non-aligned summits involve victory for one side and defeat for another."[41] Insgesamt sind sowohl an der demokratischen Struktur der Bewegung als auch, angesichts der militärischen und diplomatischen Blockbindung zahlreicher Mitgliedstaaten, an ihrer universalistischen Haltung durchaus Zweifel angebracht.

---

[39] Vgl. zum Beispiel *Colard* (Anm. 2), S. 98f oder *M.S. Rajan*: The Sovereign-Nation-State System, the Nonaligned, and the Democratization of International Relations. In: International Studies 28,2 (1991), S. 111-127, dort S. 121f.

[40] Stellungnahme der Blockfreien zur 'Beschlußfassung durch Konsens' auf der sechsten Gipfelkonferenz in Havanna; abgedruckt bei *Matthies* (Anm. 1), S. 119.

[41] *J.K. Baral*: Non-Aligned Summit Diplomacy. In: India Quarterly Vol. 45, Nr. 1-2 (January-March) 1989, S. 1-20, dort S. 12.

Plausibler erscheint da eine andere Erklärung für den Verzicht auf Mehrheitsentscheidungen sowie, ganz allgemein, für den geringen Grad der Institutionalisierung, nämlich der Wunsch der Blockfreien, sich keinen verbindlichen Vorschriften oder Normen unterwerfen und unter keinen Umständen Souveränitätseinbußen hinnehmen zu müssen. Daß dies auf Kosten der internationalen Handlungsfähigkeit und Effektivität der Bewegung ging, daß deren Beschlüsse oftmals nichts anderes darstellten als „verbiages and platitudes with little hope of achieving anything concrete"[42], wurde dabei von vielen Staaten in Kauf genommen, wenn nicht sogar begrüßt.

Die Diskussion um organisatorische und prozedurale Fragen dauert dennoch bis heute an, verbirgt sich dahinter doch die grundlegende Frage nach dem Charakter der Blockfreien-Bewegung. Soll sie als schlagkräftige Internationale Organisation auftreten, als Interessengruppe, die die Anliegen ihrer Mitglieder bündelt und nach außen artikuliert oder aber als bloßes „Gewissen der Menschheit"[43], das heißt als Forum, das internationale Mißstände anprangert? Eine Antwort auf diese Frage scheint bis heute nicht gefunden, doch hängt es entscheidend von ihr ab, in welchem Maße die Blockfreien in der Lage sind, ihre Ziele zu verwirklichen und welche Bedeutung ihnen im internationalen System zukommt.

2.2. Programmatik

Obwohl die Blockfreien nicht über eine Satzung oder ein Programm im herkömmlichen Sinne verfügen, und obwohl unter blockfreier Politik oftmals nur die konsequente Verfolgung nationaler Interessen verstanden wird[44], läßt sich aus den zwischen 1961 und 1986 veröffentlichten Dokumenten der Bewegung doch eine gemeinsame politische Linie, eine bestimmte „Philosophie" erkennen. Wie sich diese in den zentralen Themenbereichen der Blockfreien ausdrückt, soll im folgenden kurz dargestellt werden.

---

[42] Ebd., S. 10.
[43] *Tito*, zitiert nach *Mates* (Anm. 2), S. 81.
[44] So beispielsweise von *Julius Nyerere*; vgl. *Matthies* (Anm. 1), S. 38.

17

2.2.1. Frieden und Sicherheit

Da die Blockfreien, bedingt durch den historischen Entstehungskontext des Kalten Krieges, in der Zweiteilung der Welt, in der Existenz feindlicher Militärblöcke die größte Bedrohung für den Weltfrieden sahen, traten sie für eine Nichtbeteiligung an den Blöcken sowie für eine kontinuierliche Ausdehnung der, wie *Nehru* es nannte, „unausgerichteten Zone"[45] ein. Ihre Bemühungen um eine Abschwächung des Ost-West-Konflikts, ihre zahlreichen Friedensappelle an die Supermächte dürfen jedoch nicht darüber hinwegtäuschen, daß die Blockfreien-Bewegung weder pazifistisch noch im völkerrechtlichen Sinn neutral war. Als durchaus „gerechte Kriege" galten beispielsweise der nationale Befreiungskampf gegen die Kolonialmacht oder der bewaffnete Widerstand gegen Rassismus, Apartheid und andere Formen der Unterdrückung. Bei letzterem allerdings gingen die Meinungen auch auseinander, da viele blockfreie Staaten nichts mehr fürchteten und ablehnten als Unruhen und Sezessionsbestrebungen im eigenen Land bzw. die Einmischung anderer Staaten in ihre inneren Angelegenheiten.[46]

Wie der gesamte Problembereich der inneren Sicherheit (Regierungsform, gesellschaftliche Partizipation, Minderheitenschutz, Menschenrechte usw.)[47], so wurden auch Konflikte zwischen blockfreien Staaten bis Ende der 80er Jahre weitgehend tabuisiert. Da diese „Bruderkriege" nach Ansicht der Blockfreien allein durch den Ost-West-Konflikt verursacht wurden, erschien es ihnen wichtiger (und einfacher), als Vermittler und Friedensstifter zwischen den Blöcken aufzutreten als nach regionalen oder innerstaatlichen Ursachen zu fragen und eigene Mechanismen zur Konfliktschlichtung zu entwickeln.[48]

Die Abrüstungsphilosophie der Blockfreien folgte einem ähnlichen Schema, denn auch hier wurde den Supermächten eine besondere weltpolitische Verantwortung für die Abrüstung insbesondere im Nuklearbereich zugewiesen. Zwar engagierten sich die Mitgliedstaaten der Bewegung innerhalb der Generalversammlung und im Rahmen des Genfer Abrüstungsausschusses von Anfang an stark für eine „allgemeine und vollständige

---

[45] Zitiert nach *Matthies* (Anm. 1), S. 23.
[46] Vgl. *A.W. Singham / Shirley Hune*: Non-Alignment in an Age of Alignments. London, Westport, Harare 1986, S. 15-19.
[47] Vgl. *Matthies* (Anm. 1), S. 51-53.
[48] Kritisiert wird dies vor allem von *Rajan: The Policy ...* (Anm. 34), S. 117f.

Abrüstung unter wirksamer internationaler Kontrolle", für die Kopplung von Abrüstungs- und Entwicklungsfragen sowie für die Abhaltung einer Weltabrüstungskonferenz[49], doch galt ihre Aufmerksamkeit in der Praxis in erster Linie der Reduzierung von Atomwaffen. Einen Schwerpunkt blockfreier Abrüstungspolitik bildete deshalb die Schaffung 'kernwaffenfreier Zonen'[50] - ein Thema, das die Generalversammlung zwischen 1963 und 1986 kontinuierlich beschäftigte. Ebenfalls von der Mehrheit der Blockfreien befürwortet wurde der 1970 in Kraft getretene Nichtverbreitungsvertrag, den bis 1983 rund zwei Drittel der damals 101 Mitgliedstaaten der Bewegung unterzeichnet und (bis auf wenige Ausnahmen) auch ratifiziert hatten.[51] Einige blockfreie Staaten wie Argentinien, Pakistan oder Indien (das 1974 erstmals einen Atomsprengkopf gezündet hatte) lehnten diesen aus ihrer Sicht „discriminatory treaty whitch creates a division between nuclear 'haves' and 'have-nots' ... and provides legitimacy to the nuclear arsenals of the nuclear weapon States"[52] jedoch ausdrücklich ab. Was schließlich den Bereich der konventionellen Abrüstung betrifft, so wurde besonders im Zusammenhang mit Entwicklungsfragen zwar immer wieder die Notwendigkeit betont, die vor allem in Dritte-Welt-Staaten enormen Rüstungsausgaben drastisch zu reduzieren, Konsequenzen für sich selbst zogen die Blockfreien daraus jedoch kaum. Die eigene Aufrüstung, so der jugoslawische Autor *Leo Mates* (der an zahlreichen Blockfreien-Konferenzen selbst aktiv beteiligt war), wurde „mit der allgemeinen Weltlage gerechtfertigt, ... die verhältnismäßig begrenzte Waffenmenge in den bedrohten Ländern stelle ohnehin keine Gefahr für den Weltfrieden dar. Diese Waffenvorräte könnten nur dann vernichtet werden, wenn die Großen zu erkennen gäben, daß sie das Abrüstungsproblem ihrerseits ernst nähmen."[53]

---

[49] Vgl. *Abdelwahab Biad*: Les Pays Non Alignés et le Désarmement. In: Arès, Défense et Sécurité Vol. 9, 1987 (2), S. 35-45 und *Otto Kimminich*: Abrüstung. In: *Rüdiger Wolfrum* (Hrsg.): Handbuch Vereinte Nationen. München 1991, S. 9-16.

[50] Vgl. *Daniel Colard*: Le Sommet des Non-Alignés et la Sécurité Internationale. In: Défense Nationale, Février 1990, S. 73-83, dort S. 78f.

[51] Eine Übersicht hierzu findet sich bei *Matthies* (Anm. 1), S. 133.

[52] India Reiterates Its Stand (ohne Autorenangabe). In: World Focus Vol. 16, Nr. 5 (May) 1995, S. 15.

[53] *Mates* (Anm. 2), S. 300.

2.2.2. Unabhängigkeit, Selbstbestimmung und Rassengleichheit

Geprägt durch die koloniale Vergangenheit der meisten Mitgliedstaaten, widmete sich die Blockfreien-Bewegung von Anfang an intensiv dem Kampf gegen Kolonialismus und Rassismus. Als aus heutiger Sicht erfolgreich erwies sich dabei weniger die direkte finanzielle Unterstützung der „Guerillakämpfer" als vielmehr die Strategie, den Befreiungsbewegungen ein Forum für ihre Anliegen zu bieten, und ihnen (wie beispielsweise in den Fällen der algerischen Exilregierung, der angolanischen MPLA, der namibischen SWAPO oder der palästinensischen Befreiungsorganisation PLO) durch die Aufnahme als Vollmitglieder der Blockfreien-Bewegung internationale Legitimität zu verschaffen. Dennoch darf nicht übersehen werden, daß die Kolonialproblematik vor allem deshalb weitgehend gelöst werden konnte, weil sich die internationale Gemeinschaft in der Verurteilung des Kolonialismus' prinzipiell einig war.[54] In Fragen, in denen die Blockfreien eine andere Position als der Westen vertraten (etwa bezüglich der palästinensischen Selbstbestimmung) zeigte sich hingegen, wie begrenzt die Einflußmöglichkeiten der Bewegung tatsächlich waren.

Nur kurze Zeit nach der politischen Unabhängigkeit vieler ehemaliger Kolonien hatte sich die Blockfreien-Bewegung dann mit einer aus ihrer Sicht neuen Form des Kolonialismus, nämlich mit der wirtschaftlichen Ausbeutung und Abhängigkeit der meisten ihrer Mitgliedstaaten auseinanderzusetzen. Die Aufmerksamkeit der Blockfreien-Bewegung verlagerte sich deshalb mit Beginn der 70er Jahre auf die Bekämpfung dieses 'Neo-Kolonialismus'' und damit auch auf die Veränderung der weltwirtschaftlichen Strukturen.[55]

2.2.3. Wirtschaftliche und soziale Entwicklung durch eine Neue Weltwirtschaftsordnung

Obwohl sich die wirtschaftliche Lage der meisten Kolonien schon unmittelbar nach ihrer Unabhängigkeit verschlechterte, fand die Forderung nach einer umfassenden Reform der Weltwirtschaft erst auf der Gipfelkonferenz von Algier (1973) Eingang in die Dokumente der Blockfreien-Bewegung. Dies lag vor allem daran, daß die Führer der jungen Staaten in den 50er und 60er Jahren noch voller Vertrauen in die Solidarität und

---

[54] Vgl. *Franz Ansprenger*: Entkolonialisierung: In: *Woyke* (Hrsg.) (Anm. 4), S. 65-71.
[55] Vgl. *Singham / Hune* (Anm. 46), S. 21f und *Matthies* (Anm. 1), S. 55f.

Hilfsbereitschaft der entwickelten Welt waren[56] und sich der von den Industriestaaten gestellten „modernisierungstheoretischen Mängeldiagnose"[57], die ausschließlich endogene Ursachen von Unterentwicklung kannte, weitgehend anschlossen. Doch die Bemühungen der Blockfreien und anderer Entwicklungsländer, innerstaatliche Wachstumshindernisse zu beseitigen und sich aus eigener Kraft in die Weltwirtschaft zu integrieren, brachten ihren Bevölkerungen keine Verbesserung des Lebensstandards.[58] Anfang der 70er Jahre wurde so zunehmend Kritik an den westlichen Wachstumsstrategien laut, wurde „die aus der langen Einbindung in die internationale Arbeitsteilung resultierende strukturelle Deformation der Ökonomien der Entwicklungsländer"[59] beklagt und eine Neue Weltwirtschaftsordnung gefordert.

Dabei handelte es sich weniger um ein in sich geschlossenes Konzept als vielmehr um einen Katalog von zum Teil bereits während der 1964, 1968 und 1972 abgehaltenen UNCTAD-Konferenzen erhobenen Einzelforderungen, die unter anderem darauf abzielten, die Handelsbedingungen für Entwicklungsländer durch stabile Rohstoffpreise, einen Abbau des Protektionismus' vonseiten der Industriestaaten sowie vermehrte finanzielle und technische Hilfe zu verbessern und ihnen mehr Mitbestimmungsrechte in internationalen Finanz- und Wirtschaftsinstitutionen (wie dem IWF, der Weltbank oder dem GATT) zu verschaffen. Desgleichen plädierten die Blockfreien für die volle und ständige Souveränität über ihre natürlichen Ressourcen, für das Recht, ausländischen Besitz nach nationalem Recht zu verstaatlichen sowie für eine verstärkte Kontrolle multinationaler Konzerne und ausländischen Privatkapitals.[60]

Vor dem Hintergrund der ab 1973 von den OPEC-Staaten durch Drosselung ihrer Produktion verursachten drastischen Ölpreissteigerungen kam es dann im Lauf der 70er Jahre zu einer ganzen Reihe von Nord-Süd-Konferenzen, bei denen die Probleme der Entwicklungsländer bzw. die Neue Weltwirtschaftsordnung auf der Tagesordnung

---

[56] Vgl. beispielsweise die Initiativen der Entwicklungsländer in den 50er und 60er Jahren im Rahmen der Vereinten Nationen; *Saksena* (Anm. 24), S. 24-36.

[57] *Dieter Nohlen / Franz Nuscheler*: Was heißt Unterentwicklung ? In: *Dieter Nohlen / Franz Nuscheler* (Hrsg.): Handbuch der Dritten Welt Band 1: Grundprobleme, Theorien, Strategien. Bonn 1993, S. 31-54, dort S. 34.

[58] Vgl. *Mates* (Anm. 2), S. 350-357.

[59] *Ulrich Menzel*: 40 Jahre Entwicklungsstrategie = 40 Jahre Wachstumsstrategie. In: *Nohlen / Nuscheler* (Hrsg.): Handbuch ... (Anm. 57), S. 131-155, dort S. 140.

[60] Vgl. *Dieter Nohlen*: Neue Weltwirtschaftsordnung (NWWO). In: *Nohlen* (Hrsg.): Lexikon (Anm. 12), S. 507-509.

standen. Auch die Generalversammlung der Vereinten Nationen beschäftigte sich eingehend mit diesem Thema und verabschiedete schließlich auf Betreiben der von den Blockfreien und der 'Gruppe der 77' gebildeten „Koalition der Dritten Welt"[61] eine Deklaration über die Errichtung einer Neuen Weltwirtschaftsordnung (Res. 3201 (S-VI) vom 1. 5. 1974), ein diese konkretisierendes Aktionsprogramm (Res. 3202 (S-VI) vom 1. 5. 1974) sowie eine 'Charta über die wirtschaftlichen Rechte und Pflichten der Staaten' (Res. 3281 (XXIX) vom 12. 12. 1974).[62] Die praktische Umsetzung der in diesen Resolutionen gestellten Forderungen scheiterte am Ende jedoch am Widerstand der Industriestaaten.

Den Mitgliedstaaten der Blockfreien-Bewegung und der 'Gruppe der 77' brachte die internationale Diskussion um eine Neue Weltwirtschaftsordnung somit schließlich nur die Erkenntnis, daß der Norden erst dann zu substantiellen Zugeständnissen bereit ist, wenn er (wie dies während der Ölkrise der Fall war) mit der eigenen Abhängigkeit konfrontiert wird. Daraus folgt jedoch, daß die mit dem Ende des Ost-West-Konflikts beginnende Thematisierung neuer globaler Politikzusammenhänge wie Umweltzerstörung, Überbevölkerung oder Migration aus der Sicht des Südens und speziell der Blockfreien nicht nur ein Problem, sondern auch eine Chance darstellte, ihre Verhandlungsmacht gegenüber den Industriestaaten zu stärken.

Das gleiche Ziel, nämlich ihre Position innerhalb des Weltwirtschaftssystems zu verbessern, verfolgten die Entwicklungsländer auch mit ihrem Konzept der wirtschaftlichen Süd-Süd-Kooperation, der sogenannten 'collective self-reliance', das von den Blockfreien (ab 1970) und der 'Gruppe der 77' (ab 1976) neben einer Neuen Weltwirtschaftsordnung propagiert wurde. Die meist aus der Kolonialzeit stammende Süd-Nord-Ausrichtung der Volkswirtschaften, fehlende Finanzmittel sowie mangelnder politischer Wille bei den Staatsführern und -eliten führten jedoch dazu, daß es trotz zahlreicher Aktionsprogramme und Koordinierungstreffen auf diesem Gebiet kaum zu greifbaren Ergebnissen kam.[63]

---

[61] *Robert A. Mortimer*: The Third World Coalition in International Politics. New York 1980.
[62] Vgl. *Ursula E. Heinz*: Weltwirtschaftsordnung: In: *Wolfrum* (Hrsg.): Handbuch .. (Anm. 49), S. 1080-1088.
[63] Vgl. *Matthies* (Anm. 1), S. 62-66.

Selbst auf Verhandlungsebene konnte die Dominanz des Nordens so schon zu Beginn der 80er Jahre wiederhergestellt werden. Die von den Blockfreien angestrebte ökonomische Souveränität rückte dagegen in weite Ferne - um so mehr, als die kontinuierlich steigende Verschuldung die meisten Entwicklungsländer zwang, ihre Volkswirtschaften nach den von Internationalem Währungsfonds (IWF) und Weltbank vorgegebenen Richtlinien den Weltmarktbedingungen anzupassen.[64] Die Lösung der Verschuldungskrise im Rahmen globaler Verhandlungen und ein Ende der von vielen Staaten als demütigend empfundenen Strukturanpassungsprogramme standen dann bei den Gipfelkonferenzen der Blockfreien in Neu-Delhi (1983) und Harare (1986) auch im Mittelpunkt der Debatten und Forderungen.

2.2.4. Multilateralisierung und Demokratisierung der internationalen Beziehungen

Obwohl das Prinzip der Blockfreiheit vor allem im Westen oftmals nur als Funktion des Ost-West-Konflikts, als „tactical response"[65] auf die bestehende Machtverteilung betrachtet wurde, stellte die Auflösung der bipolaren Struktur des internationalen Systems von Anfang an eines der Hauptziele der Blockfreien dar. Nur eine multipolare Ordnung, die auf souveräner Gleichheit, Kooperation und „the futuristic paradigm of communication, rather than the traditional paradigm of power"[66] beruht, würde es ihrer Ansicht nach auch militärisch und wirtschaftlich schwachen Staaten erlauben, unabhängig Entscheidungen zu treffen und aktiv an der Weltpolitik teilzunehmen.

Da die Blockfreien all diese Prinzipien und Ziele in der Charta der Vereinten Nationen enthalten sahen, entwickelte sich mit der Zeit „a non-aligned commitment to the United Nations stronger than that of most other members and an almost proprietary view of the institution."[67] Die Vereinten Nationen bildeten nicht nur das wichtigste Forum für die Forderungen der blockfreien Staaten, sie galten auch als Indikator für den weltpolitischen Einfluß der Bewegung, der um so größer sein würde, je eher die Strukturen und Entscheidungen der Vereinten Nationen den Idealen der Charta entsprächen. Außer für eine

---

[64] Vgl. *Rainer Tetzlaff*: Strukturanpassung - das kontroverse entwicklungspolitische Paradigma in den Nord-Süd-Beziehungen. In: *Nohlen / Nuscheler* (Hrsg.): Handbuch ... (Anm. 57), S. 420-445.
[65] *R.L. Rothstein*, zitiert nach *Peter Meyns*: Unity and Heterogenity - Explanatory Models of Non-Alignment in World Politics. In: Law and State Vol. 37, 1988, S. 42-71, dort S. 46.
[66] *J. Bandyopadhyaya*, zitiert nach *Meyns* (Anm. 65), S. 52.
[67] *Richard L. Jackson*: The Non-Aligned, the UN and the Superpowers. New York 1983, S. 101f.

generelle Stärkung der Weltorganisation machten sich die Blockfreien deshalb von Anfang an für deren Demokratisierung, das heißt für eine Erweiterung ihrer Organe auf der Grundlage geographischer Repräsentativität und souveräner Gleichheit stark.[68]. Gemeinsam mit der 'Gruppe der 77' setzten sich sich darüber hinaus für eine Aufwertung der (seit Beginn der 60er Jahre von den Entwicklungsländern dominierten) Generalversammlung gegenüber dem die Machtverhältnisse der Nachkriegszeit widerspiegelnden Sicherheitsrat sowie für eine Intensivierung der in Kapitel IX der Charta der VN vorgesehenen Internationalen Zusammenarbeit auf wirtschaftlichem und sozialem Gebiet ein. Diese Forderungen führten schließlich vor allem im Lauf der 60er und 70er Jahre zu einer Vielzahl von Neueinrichtungen (wie beispielsweise der UN Conference on Trade and Development, des UN Capital Development Fund, der UN Industrial Development Organization, des UN Development Program, des UN Environment Programme oder des World Food Program) im Bereich der operativen Entwicklungstätigkeit der Vereinten Nationen.[69] Diese neuen, in der Regel der Generalversammlung unterstehenden Organe waren dabei auch als Gegengewicht zu den mit einem 'gewogenen Stimmrecht' versehenen Bretton Woods-Institutionen IWF und Weltbank gedacht, die aus der Sicht des Südens vor allem dazu dienten, „to promote a market economy and to allow the United States a considerable grip on the national economies of the participating states."[70] Insgesamt verhinderte jedoch der Widerstand der Industriestaaten, daß die Vereinten Nationen eine bedeutende Rolle in den internationalen Wirtschaftsbeziehungen erlangen konnten. Während nämlich der Süden „by virtue of its voting strength" neue Institutionen einrichtete, verweigerte der Norden „by the power of its purse"[71] deren finanzielle Ausstattung.

Das Streben der Blockfreien nach einer multipolaren, nicht auf materieller Macht gegründeten Weltordnung beinhaltete schließlich auch ein klares Bekenntnis zu völkerrechtlichen Normen in der internationalen Politik. Dabei zeigte sich jedoch schon im Verlauf der 60er Jahre, daß die Blockfreien und andere Entwicklungsländer nicht die von den westlichen Industriestaaten und dem sozialistischen Block vertretene Auffassung teilten, wonach allein die in Art. 38 des Statuts des Internationalen Gerichtshofes

---

[68] Vgl. ebd., S. 97-103.
[69] Vgl. *Dicke*: Effizienz ... (Anm. 35), S. 109-114, 169-180 und 196-213.
[70] *Saksena* (Anm. 24), S. 24.
[71] Ebd., S. 42f.

(StIGH) aufgeführten formalen Völkerrechtsquellen, und hier insbesondere der Vertrag und das Gewohnheitsrecht, rechtserzeugend wirken sollten.

Der Abschluß multilateraler Verträge erschien den blockfreien und anderen Dritte-Welt-Staaten als ein zu langwieriger Prozeß, zumal sie es sich in der Regel nicht leisten konnten, „to have their legal experts away for more than six weeks."[72] Auch das Völkergewohnheitsrecht wurde eher kritisch betrachtet, weigerten sich doch viele der im Zuge der Entkolonisierung neu entstandenen Staaten „to be bound by the customary rules of past state practice in which they played no part."[73] Im gleichen Maße, in dem die Zahl und damit auch die politische Bedeutung der Entwicklungsländer in der Generalversammlung zunahm, verstärkte sich diese Kritik an den insgesamt als zu statisch bzw. rückwärtsgewandt empfundenen traditionellen Rechtssatzformen, wuchs das Bedürfnis, die von den Gründungsmitgliedern der VN aufgerichteten „völkerrechtlichen Hürden Vertragsfreiheit und Vetorecht im Sicherheitsrat"[74] zu umgehen. *Richard Falk* stellte hierzu 1966 fest:

> „there is a widely felt need to find ways to adapt the international legal order to the changing character of social and political demands (...). If international society is to function effectively, it requires a limited legislative authority, at minimum, to translate an overriding consensus among states into rules of order and norms of obligation despite the opposition of one or more sovereign states."[75]

Diese legislative Kompetenz wiesen die Blockfreien und andere Entwicklungsländer der Generalversammlung zu[76], deren Resolutionen bzw. Deklarationen sie „als das geeignetste Instrument zur Verwirklichung der Planungs- und Steuerungsfunktion eines neuen, 'progressiven' Völkerrechts"[77] betrachteten. Der Forderung nach einer völkerrechtlich bindenden Wirkung besonders der einstimmig oder mit großer Mehrheit verabschiedeten

---

[72] *Samuel S. Kim*: The United Nations and Development of International Law. In: *M.S. Rajan / V.S. Mani / C.S.R. Murthy* (Hrsg.): The Non-Aligned and the United Nations. Dobbs Ferry, New York 1987, S. 1-16, dort S. 10.

[73] Ebd., S. 9.

[74] *Bruno Simma*: Methodik und Bedeutung der Arbeit der Vereinten Nationen für die Fortentwicklung des Völkerrechts. In: *Wilhelm A. Kewenig* (Hrsg.): Die Vereinten Nationen im Wandel. Berlin 1975, S. 79-102, dort S. 93.

[75] *Richard Falk*: On the Quasi-Legislative Competence of the General Assembly. In: The American Journal of International Law Vol. 60/1966, S. 782-791, dort S. 785.

[76] Vgl. *Alfred Verdross / Bruno Simma*: Universelles Völkerrecht. Berlin 1984 (3. Auflage), S. 405-412 (mit umfangreichem Nachweis)

[77] *Simma* (Anm. 74), S. 93.

und mit Grundsatzfragen befassten Resolutionen[78] lagen dabei zwei unterschiedliche theoretische Ansätze zugrunde: zum einen wurde versucht, sie unter die in Art. 38 StIGH aufgeführten Völkerrechtsquellen zu subsumieren, indem man sie als „authentische Interpretation" der (vertragsrechtlich bindenden) Charta der VN, als „pressure-cooked customary law" oder als Formulierung allgemeiner Rechtsgrundsätze darstellte.[79] Zum anderen deklarierte man sie als eine neue Völkerrechtsquelle, deren Bindungswirkung sich aus einem „demokratischen" Gesetzgebungsverfahren[80] bzw. schlicht aus ihrer (auch in den Industriestaaten unbestrittenen) faktischen Bedeutung ergab[81]. Vor allem der zweite Ansatz kam aus der Sicht vieler Völkerrechtler und Regierungen einer „völkerrechtlichen Holzhammermethode"[82] gleich, sind doch gerade im internationalen System die Voraussetzungen für ein demokratisches Entscheidungsverfahren nicht gegeben.[83] Auch die 'law-as-fact'-Begründung vieler Entwicklungsländer bzw. deren „Annahme eines dialektischen Sprungs von der Quantität politischen Drucks zur Qualität völkerrechtlicher Verpflichtung"[84] wurde als nicht nachvollziehbar zurückgewiesen.

Insgesamt muß festgestellt werden, daß das Verständnis der Blockfreien von Völkerrecht „as an affirmative instrument of goal pursuit and value realization, one that links law and politics as organic parts of the collective, cumulative process of norm generation"[85] in klarem Widerspruch zu ihrer Forderung nach absoluter staatlicher Souveränität steht. Gerade die als Abgrenzung zum klassischen, „europäischen" Völkerrecht verstandene Positivierung formaler Rechtsquellen sollte schließlich „einen effektiven Schutz der

---

[78] Eine Auflistung beispielhafter Resolutionen und Deklarationen findet sich bei *Verdross / Simma* (Anm. 76), S. 407; vgl. dazu auch: *Christian Tomuschat*: Die Charta der wirtschaftlichen Rechte und Pflichten der Staaten. Zur Gestaltungskraft von Deklarationen der UN-Generalversammlung. In: Zeitschrift für ausländisches öffentliches Recht und Völkerrecht 36/1976, S. 444-490.

[79] Vgl. *Simma* (Anm. 74), S. 94f und *Jochen A. Frowein*: Der Beitrag der internationalen Organisationen zur Entwicklung des Völkerrechts. In: Zeitschrift für ausländisches öffentliches Recht und Völkerrecht 36/1976, S. 147-166, dort 149-153.

[80] Vgl. *Taslim Olawale Elias*: Modern Sources of International Law. In: ders.: Transnational Law in a Changing Society. Essays in Honor of Philip C. Jessup. New York / London 1972, S. 34-69 und *Mohammed Bedjaoui*: Towards a new international economic order. Paris / New York / London 1979.

[81] Vgl. *Falk* (Anm. 75) und *Edward McWhinney*: The „Old" and the „New" International Law. United Nations Law-Making for an Era of Transition. In: *M.S. Rajan / V.S. Mani / C.S.R. Murthy* (Hrsg.) (Anm. 72), S. 17-30, dort S. 23-25.

[82] *Simma* (Anm. 74), S. 94.

[83] Vgl. *Klaus Dicke*: Völkerrechtspolitik und internationale Rechtsetzung. In: Zeitschrift für Gesetzgebung 3/1988, S. 193-224, dort S. 217f.

[84] *Simma* (Anm. 74), S. 95.

[85] *Kim* (Anm. 72), S. 3.

Staatengleichheit gegenüber dem faktischen Machtgefälle im internationalen System"[86]
bieten. Die Forderung der Entwicklungsländer nach einer Gesetzgebungsfunktion der
Generalversammlung opfert diese Schutzfunktion der formalen Rechtsquellen und damit
die praktische Objektivität des Völkerrechts „auf dem Altar vorgeblich demokratischer,
in Wirklichkeit jedoch partikularistischer Prinzipien"[87].

Das Völkerrechtsverständnis der Blockfreien bzw. der Entwicklungsländer wurde hier
vor allem deshalb ausführlicher dargestellt, weil es in erheblichem Maße zur mit Beginn
der 70er Jahre kontinuierlich wachsenden Ablehnungshaltung der USA und anderer Industriestaaten gegenüber der Generalversammlung und den Vereinten Nationen insgesamt beitrug. Je entschlossener die Staaten der Dritten Welt eine völkerrechtlich bindende Wirkung der von ihnen verabschiedeten Resolutionen beanspruchten, desto stärker
empfanden insbesondere die westlichen Staaten die Generalversammlung als 'dangerous
place' und desto vernehmlicher wurden, insbesondere in den USA, diejenigen Stimmen,
die nicht völkerrechtliche Normen, sondern politische Macht zur Grundkategorie in den
internationalen Beziehungen erklärten. Beide Entwicklungen, sowohl der weltpolitische
Bedeutungsverlust der Generalversammlung als auch das Erstarken der Realistischen
Schule wirkten sich für die Blockfreien jedoch negativ aus.

---

[86] *Dicke* (Anm. 83), S. 218.
[87] Ebd.

Kapitel 2

1986 bis 1989: Der weltpolitische Wandel und die Blockfreien-Bewegung

1. Das Ende des Ost-West-Konflikts

Obwohl das Ende des Ost-West-Konflikts meist mit den Ereignissen des Jahres 1989 (Revolutionen in Osteuropa, Fall der Berliner Mauer usw.) in Verbindung gebracht wird, setzte der weltpolitische Wandel, der außer zur Entspannung zwischen den Blöcken auch zur Auflösung des Warschauer Paktes und der Sowjetunion führte, schon einige Jahre früher ein. Aus heutiger Sicht erscheinen in diesem Zusammenhang vor allem der Amtsantritt *Michail Gorbatschows* als KPdSU-Generalsekretär (11. März 1985) sowie das erste Gipfeltreffen zwischen *Gorbatschow* und US-Präsident *Reagan* in Genf (19. - 21. November 1985) von Bedeutung. In den internationalen Beziehungen war zunächst jedoch nichts von einem Wandel zu spüren, blieben diese doch von Bipolarität und Blockdenken bestimmt. Das Festhalten der USA bzw. der NATO an ihrer Militärstrategie der 'flexible response'[1], eine Vielzahl regionaler Konflikte mit direkter Beteiligung der Supermächte (wie in Afghanistan, Nicaragua, Kambodscha, Namibia oder Angola) sowie die bewußte Abkehr, insbesondere der USA, von multilateralen Politikinstrumenten wie den Vereinten Nationen[2] können hierfür als Indizien gelten.

Zu einer merklichen Entspannung im Ost-West-Konflikt und zu signifikanten Fortschritten im Bereich der Abrüstung kam es schließlich erst ab Juli 1987, als die USA und die UdSSR im Sicherheitsrat der VN gemeinsam für eine auf Kapitel VII der Charta basierende Resolution[3] stimmten und vier Monate später in Washington den sogenannten INF-Vertrag unterzeichneten, der die Zerstörung aller nuklearen Mittelstreckenraketen vorsah. Auch die meisten der oben genannten regionalen Konflikte konnten nun gelöst oder zumindest entschärft werden. So kam es im „Friedensjahr" 1988 beispielsweise zum

---

[1] Vgl. *Wichard Woyke*: NATO. In: *Wichard Woyke* (Hrsg.): Handwörterbuch Internationale Politik. Opladen (6. Auflage) 1995, S. 325-334.
[2] Vgl. *K.P. Saksena*: Reforming the United Nations. The Challenge of Relevance. Neu-Delhi, London, Newbury Park 1993, S. 106-108 und *Peter Jankowitsch*: Gemeinsames Haus Welt ? In: Österreichisches Jahrbuch für internationale Politik 6/1989, S. 76-95, dort S. 76f.
[3] SR-Resolution 598 (Iran-Irak).

Abzug der sowjetischen Truppen aus Afghanistan, zu einem Friedensabkommen für Namibia und Angola sowie zum Beginn der Verhandlungen über Kambodscha und zahlreiche andere Krisengebiete. Die Aufmerksamkeit der Blockfreien galt jedoch in erster Linie der veränderten Haltung der Sowjetunion gegenüber den Vereinten Nationen. Diese schlug sich zunächst in einem von *Gorbatschow* im September 1987 verfassten Prawda-Artikel mit dem Titel „Reality and Guarantees for a Secure World" nieder, in dem das sowjetische Staatsoberhaupt der Weltorganisation eine zentrale Rolle in Fragen der internationalen Sicherheit zuwies.[4] Ein klares Bekenntnis zu den Vereinten Nationen und eine positive Würdigung ihrer bisherigen Leistungen enthielt auch die Rede *Gorbatschows* vor der Generalversammlung am 7. Dezember 1988.[5] Die Annäherung der Sowjetunion an Positionen des Westens bzw. der USA zeigte sich schließlich nicht nur in zahlreichen rechtlichen und organisatorischen Fragen[6], sie führte auch dazu, daß die beiden Supermächte erstmals gemeinsam als 'sponsors' einer Resolution der Generalversammlung auftraten, in der sie sich für eine Stärkung der Vereinten Nationen im Bereich der Friedenssicherung aussprachen und die Gültigkeit der Charta ausdrücklich bestätigten.[7]

Obwohl die Blockfreien den Inhalt dieser Resolution grundsätzlich begrüßten, standen sie der „new-found solidarity of the two superpowers"[8] vom Zeitpunkt ihrer Verabschiedung an zunehmend mißtrauisch gegenüber. Sie befürchteten dabei zum einen, daß der Bereich der wirtschaftlichen Entwicklung und Zusammenarbeit angesichts der fortwährenden Betonung der Friedenssicherung und der wiedergewonnenen Handlungsfähigkeit des Sicherheitsrates noch weiter in den Hintergrund gedrängt würde[9], zum anderen, daß sich die „détente" zwischen den Supermächten in eine „entente"[10] verwandeln, das heißt die Supermächte sich auf Kosten der Blockfreien und anderer Entwicklungs-

---

[4] Vgl. *Milan Sahovic*: Vereinte Nationen am Wendepunkt. In: Internationale Politik 40. Jg. (1989) Heft 930, S. 29-31, dort S. 30.

[5] Abgedruckt in: Europa-Archiv 1989, S. D 23-D 37.

[6] Vgl. *Thomas M. Franck*: Soviet Initiatives: U.S. Responses - New Opportunities for Reviving the United Nations System. In: The American Journal of International Law Vol. 83/1989, S. 531-543.

[7] GV-Resolution 44/213 vom 15. November 1989.

[8] *Saksena* (Anm. 2), S. 151.

[9] Diese Befürchtung sollte sich schon am 15. Dezember 1989, im Zusammenhang mit der Abstimmung über GV-Resolution 44/126 bestätigen; vgl. *Saksena* (Anm. 2), S. 151.

[10] *M.S. Rajan*: The New *Détente* and Nonalignment. In: *M.S.Rajan*: The Future of Nonalignment and the Nonaligned Movement. Some Reflective Essays. Neu-Delhi 1990, S. 37-43, dort S. 40.

länder über weltpolitische Themen verständigen könnten. Alles in allem begann mit dem Ende des Ost-West-Konflikts und der Bipolarität, das die Bewegung ja seit ihrer Gründung gefordert hatte, für die Blockfreien zunächst eine Zeit großer Unsicherheit.

2. Der Beginn der Unsicherheit

Wie sich der soeben beschriebene weltpolitische Wandel zwischen 1985/86 und 1989 in zwei „Etappen" vollzog, so lassen sich auch die Reaktion und das Verhalten der Blockfreien in zwei Phasen gliedern. Zu welchen Veränderungen es dabei im Auftreten, in der Programmatik und in der internen Struktur der Bewegung kam, zeigt am deutlichsten ein Vergleich der Blockfreien-Konferenzen von Harare (September 1986) und Nikosia (September 1988).

Das achte Gipfeltreffen der Bewegung in Harare gilt aus heutiger Sicht als „the last major non-aligned meeting to be held in the context of Cold War certainties."[11] In den Schlußdokumenten der Konferenz[12] spiegelte sich dies zum einen in der Sprache wider, die unverändert ideologisch und antiamerikanisch geprägt ist[13], zum anderen im Inhalt, denn trotz der äußerst schlechten ökonomischen Lage vieler blockfreier Staaten standen in Harare politische Themen wie (nukleare) Abrüstung, die Verletzung des Nichteinmischungsprinzips durch die USA (Libyen, Nicaragua), die Sowjetunion (Afghanistan), Südafrika (Namibia, Angola) und Israel (Libanon) sowie, bedingt durch den Tagungsort im 'Frontstaat' Zimbabwe, der Kampf um nationale Unabhängigkeit und gegen Apartheid im Vordergrund.[14]

Daß die Spaltung der internationalen Gemeinschaft in zwei feindliche Blöcke noch nicht überwunden war, zeigte auch der (auf der Gipfelkonferenz von Havanna offen

---

[11] *Sally Morphet*: The Non-Aligned in 'The New World Order': The Jakarta Summit, September 1992. In: International Relations 4, 1993, S. 359-380, dort S. 371.

[12] Vgl. *Odette Jankowitsch / Karl P. Sauvant* (Hrsg.): The Third World without Superpowers: The Collected Documents of the Non-Aligned Countries. Dobbs Ferry, New York 1978ff, Volume XI, S. 146-522.

[13] Ein US-Reporter berichtete gar von einem neuen „record for Yankee-bashing"; zitiert nach *M.S. Rajan*: The Eighth Nonaligned Summit Conference: In: *Rajan*: The Future ... (Anm. 10), S. 82-106, dort S. 103.

[14] Vgl. *Daniel Colard*: Le Huitième Sommet des PNA: Harare, 1-6 Septembre 1986. In: Arès, Défense et Sécurité Vol. 9 1987 (2), S. 57-68 und *Rajan*: The Eighth ... (Anm. 13).

ausgebrochene[15]) Konflikt zwischen prowestlichen Mitgliedstaaten der Bewegung und Anhängern der Sowjetunion, der in Harare mit zum Teil unverminderter Härte ausgetragen wurde. Während erstere (vor allem europäische und asiatische Staaten) für eine pragmatische, kooperative Haltung der Blockfreien gegenüber dem Westen plädierten, vertraten 'Hardliner' wie beispielsweise der libysche Staatsführer *Gaddafi* nach wie vor die Ansicht, daß es eine neutrale Position nicht geben könne, solange die Welt in ein Lager der „Befreiung" und ein Lager des „Imperialismus" geteilt sei.[16] Verstärkt wurde die Uneinigkeit der Bewegung noch durch den seit 1980 andauernden Krieg zwischen den blockfreien Staaten Iran und Irak sowie durch den in Harare stattfindenden Generationswechsel, in dem einige der älteren Staatsführer „a danger of youthful exuberance being the better of experience and wisdom"[17] sahen. Insgesamt standen die Blockfreien den Mitte 1987 einsetzenden Veränderungen in den internationalen Beziehungen somit in einer Phase geringen weltpolitischen Einflusses, aber vor allem innerer Zerrissenheit und Stagnation[18] gegenüber.

Auf der neunten Außenministerkonferenz der Blockfreien in Nikosia wurden diese Veränderungen dann auch sehr unterschiedlich bewertet. Die meisten Mitgliedstaaten betrachteten die Entspannung zwischen den beiden Blöcken mit großem Optimismus. Sie sahen in ihr nicht nur eine Verringerung der Kriegsgefahr und eine Hinwendung zur „Logik des Dialogs"[19], sondern auch den Übergang von einer bipolaren zu einer multipolaren Welt und damit den Beginn „gerechterer internationaler Beziehungen im Geiste ... der aktiven friedlichen Koexistenz"[20], kurz, einen „Sieg der Prinzipien, von denen die Bewegung der Blockfreien ausgeht."[21]

---

[15] Die sechste Gipfelkonferenz der Blockfreien in Havanna (1979) war von dem Versuch der prosowjetischen Mitgliedstaaten unter der Führung Kubas geprägt, der Bewegung die Sowjetunion als „natürlichen Verbündeten" ihrer Sache anzudienen. Vgl. *Leo Mates*: Es begann in Belgrad. Percha 1982, S. 222-262.
[16] Vgl. *Colard* (Anm. 14), dort S. 59.
[17] *M.S. Rajan*: NAM to be Re-structured ? In: *Rajan*: The Future ... (Anm. 10), S. 52-55, dort S. 52.
[18] Dies zeigte sich auch daran, daß nur die wenigsten Mitgliedstaaten in Harare von ihren Staats- oder Regierungschefs vertreten und erstmals keine Anträge auf Mitgliedschaft in der Bewegung gestellt wurden.
[19] *Elijas Farah*: Blockfreiheit: Wirklichkeit und Perspektiven. In: Internationale Politik 40. Jg. (1989) Heft 944-945, S. 9-13, dort S. 10.
[20] *Milos Minic*: Die Grossmächte und die Sicherheit der blockfreien Länder. In: Internationale Politik 39. Jg. (1988) Heft 913, S. 1-8, dort S. 3.
[21] *Farah* (Anm. 19), S. 11.

Andere Staaten warnten hingegen vor zu hohen Erwartungen. Ihrer Ansicht nach bedeutete die Annäherung zwischen den USA und der UdSSR, selbst wenn sie wirklich von Dauer sein sollte, keineswegs eine Veränderung der internationalen Strukturen oder der „essential nature of the game of power politics"[22]. Sie waren es auch, die die bereits erwähnte Befürchtung hegten, die Blockfreien und die Vereinten Nationen könnten zu „important spectators of this outrageous instance of Super-powerism"[23] werden.

Eine dritte Gruppe (vor allem sozialistischer Staaten) schließlich kritisierte das „neue Denken" in der sowjetischen Außenpolitik und warf den USA und Westeuropa vor, die ökonomischen und innenpolitischen Schwierigkeiten der UdSSR und einiger osteuropäischer Staaten bewußt auszunutzen, um die Vormachtstellung des westlichen Blocks zu sichern.[24]

Dieselbe Unsicherheit und Uneinigkeit wie in der Beurteilung der weltpolitischen Veränderungen herrschte auch in der Frage, welche Konsequenzen die Blockfreien daraus zu ziehen hätten. Zwar stimmten die meisten Mitgliedstaaten darin überein, daß sich die Bewegung der neuen Situation „anzupassen" und sich zu „modernisieren" habe, doch wurden diese Begriffe sehr unterschiedlich definiert.

Während die einen unter „Anpassung" in erster Linie eine „Modernisierung der Weltanschauungen"[25], das heißt eine Entideologisierung der Blockfreien-Bewegung verstanden und auf wirtschaftlichem Gebiet für eine kooperative Haltung gegenüber den Industriestaaten plädierten[26], hielten andere es angesichts der sich verringernden Konkurrenz zwischen Ost und West für notwendiger, die internen Mißstände und Probleme der Bewegung (wie beispielsweise deren Unfähigkeit, bewaffnete Konflikte zwischen Mitgliedstaaten zu verhindern, ihr mangelndes Engagement im Bereich der Süd-Süd-Kooperation oder die Verletzung der Menschenrechte in zahlreichen blockfreien Staaten) zu beseitigen. Aus der Sicht letzterer kam es somit vor allem darauf an, die Mitgliedstaaten der

---

[22] *Rajan*: The New *Détente* ... (Anm. 10), S. 38.
[23] *M.S. Rajan*: Nonalignment in a Changing World: In: *Rajan*: The Future ... (Anm. 10), S. 44-51, dort S. 48.
[24] Vgl. *Klaus Fritsche*: Auf der Suche nach neuen Wegen. In: epd-Entwicklungspolitik 14/1989, S. 25-27, dort S. 26.
[25] *Ranko Petcovic*: Veränderungen in der Blockfreiheit, nur welcher Art ? In: Internationale Politik 40. Jg. (1989), Heft 937, S. 11-13, dort S. 13.
[26] Vgl. *Bogdan Crnobrnja*: Die internationalen Beziehungen und die blockfreie Politik in der Gegenwart. In: Internationale Politik 40. Jg. (1989) Heft 932, S. 12-14 und *Darko Silovic*: Modernisierung der blockfreien Bewegung und das IX. Gipfeltreffen. In: Internationale Politik 39. Jg. (1988) Heft 928, S. 3f.

Bewegung auf deren ursprüngliche Ziele und Prinzipien zu verpflichten und sie dadurch auf internationaler Ebene glaubwürdiger zu machen.[27]

In den Schlußdokumenten von Nikosia[28] sind alle diese Strömungen, wenn auch in unterschiedlichem Ausmaß, enthalten. Die Haltung der prosowjetischen Staaten, die eine Hegemonie des Westens befürchteten und überhaupt keinen Reformbedarf für die Blockfreien-Bewegung erkennen konnten, spiegelte sich dabei besonders in den von Zimbabwe entworfenen Dokumenten zu politischen und wirtschaftlichen Themen ('Political Part' und 'Economic Part') wider. Wie in den Texten früherer Konferenzen ist hier in erster Linie vom Kampf der Blockfreien „against imperialism; colonialism; neocolonialism; apartheid; racism; zionism; and all forms of foreign aggression, occupation, domination, interference or hegemony" ('Political Part', Absatz 9) sowie von der Errichtung einer Neuen Weltwirtschaftsordnung „based on sovereign equality, justice, equity, mutual interest and benefit" ('Economic Part', Absatz 2) die Rede. Auch diejenigen Staaten, die den weltpolitischen Veränderungen eher skeptisch und mißtrauisch gegenüberstanden, konnten ihre Position einbringen und den überschwenglichen Optimismus der Mehrzahl der Mitgliedstaaten an einigen Stellen relativieren. So heißt es beispielsweise im Hinblick auf den Entspannungsprozess:

> „The rapprochement between the United States of America and the Soviet Union ... has greatly improved the international climate. However, serious problems and conflicts still exist and threaten to jeopardize the progress made. International relations are still characterized by the use of force, intervention, interference and the application of coercive measures".('Nicosia Declaration', Absatz 4)

Insgesamt wurde die Außenministerkonferenz von Nikosia dennoch eindeutig von den „gemäßigten", eine pragmatische Vorgehensweise und einen Dialog mit Staaten außerhalb der Bewegung befürwortenden Blockfreien dominiert.[29] Dies äußerte sich auch darin, daß die Blockfreien neben den üblichen Dokumenten erstmals eine kurze, „for interested outside observers"[30] gedachte und von ideologisch gefärbten Begriffen deshalb

---

[27] Vgl. *Bhabani Sen Gupta*: Blockfreiheit und Weltfrieden. In: Internationale Politik 40. Jg. (1989) Heft 935, S. 1-3, *Rikhi Jaipal*: Die Blockfreiheit auf der neunten Gipfelkonferenz. In: Internationale Politik 40. Jg. (1989) Heft 941, S. 21-23 und *M.S. Rajan*: The Nonaligned World in the 1990s. In: International Studies 26, 3 (1989), S. 209-232.
[28] Vgl. *Jankowitsch / Sauvant* (Hrsg.): The Third World ... (Anm. 12), Volume XII, S. 589-748.
[29] Vgl. *Sally Morphet*: The Non-Aligned Movement and the Foreign Ministers' Meeting at Nicosia. In: International Relations 5, 1989, S. 393-405.
[30] Ebd., S. 403.

weitgehend befreite Erklärung ('Nicosia Declaration') verabschiedeten und ein neu gebildetes Minister-Komitee der Bewegung beauftragten, „to critically examine, inter alia, the preparation and organization of its meetings, the content and format of its documentation, forms and methods of action, as well as the effectiveness of its instrumentalities." ('Decisions', Absatz B) Auch die in Nikosia gefassten Beschlüsse, eine Sonderkonferenz der Blockfreien zu Fragen des Völkerrechts einzuberufen ('Decisions', Absatz C) und den Vorsitz der Bewegung ab 1989 nicht Nicaragua oder Indonesien, sondern trotz innenpolitischer Probleme Jugoslawien, einem der Hauptbefürworter einer Entideologisierung und Öffnung der Bewegung zu übertragen[31], sprechen für den großen Einfluß dieser Staatengruppe.

Sehr positiv beurteilt wurden die Ergebnisse von Nikosia dann auch von westlichen Beobachtern. Die Blockfreien, so beispielsweise der ehemalige österreichische Minister *Jankowitsch*, hätten dort nicht nur „ein kräftiges Lebenszeichen gegeben", sondern auch „eine mächtige Reformbewegung ausgelöst."[32] Ebenfalls begrüßt wurde das in Nikosia vorherrschende „neue Denken" von *Morphet*, die die Konferenz in diesem Zusammenhang als „pathfinding"[33] bezeichnete.

Kritische Stimmen, die sich gegen eine „Anpassung" der Blockfreien-Bewegung aussprachen, weil sie den Verlust aller Prinzipien befürchteten[34], oder die eine auf organisatorische und prozedurale Fragen beschränkte „Modernisierung" für unzureichend hielten[35], waren am Ende dagegen kaum mehr zu hören.

---

[31] Vgl. ebd., S. 401f.
[32] *Peter Jankowitsch*: Auferstehung der Blockfreien ? In: Internationale Politik 39. Jg. (1988) Heft 925, S. 1-2, dort S. 1 und 2.
[33] *Sally Morphet*: The Non-Aligned in 'The New World Order' ... (Anm. 11), S. 371.
[34] Vgl. *Elijas Farah* (Anm. 19), S. 12.
[35] Vgl. *M.S. Rajan*: NAM: Proposed Distortion of Priorities. In: *Rajan*: The Future (Anm. 10), S. 56-61.

Kapitel 3

Die neunte Gipfelkonferenz der Blockfreien-Bewegung in Belgrad

(4. - 7. September 1989)

1. Der diplomatische Kontext der Konferenz

Während sich die blockfreien Staaten bezüglich ihrer zukünftigen Rolle im internationalen System also keineswegs einig waren, beurteilten die beiden Supermächte und andere Blockstaaten die Bewegung erstmals uneingeschränkt positiv. Anders als in Harare
sandten beispielsweise die Europäische Gemeinschaft und die USA, deren politische Vertreter das Prinzip der Blockfreiheit einst als „unmoralisch" und als „non-sense" bezeichnet hatten[1], Grußbotschaften nach Belgrad. Die Haltung der östlichen Großmacht hatte
sich ebenfalls verändert, denn das sowjetische Außenministerium betrachtete die Blockfreien in Belgrad nicht mehr als „natürliche Verbündete" des sozialistischen Lagers, sondern als wichtige unabhängige Kraft in der Weltpolitik.[2] Das gestiegene Ansehen der
Bewegung zeigte sich auch daran, daß außer der Sowjetunion alle Staaten des Warschauer Paktes sowie zwei weitere NATO-Mitglieder (Norwegen und Kanada) offiziell
als Gäste auf der neunten Gipfelkonferenz vertreten waren. Schließlich wurde der
Blockfreien-Bewegung auch in den Medien und auf wissenschaftlicher Ebene größere
Aufmerksamkeit zuteil, wurden ihre bisherigen Leistungen gewürdigt und die lange Zeit
vorherrschende Behauptung, sie sei „largely rhetorical, opportunistic and hypocritical"
empirisch zu widerlegen versucht.[3]

---

[1] So Staatssekretär *Dulles* und Vize-Präsident *Nixon*; zitiert nach *R.S. Yadav*: NAM in the New World
Order. In: India Quarterly Vol. 49, Nr. 3 1993, S. 47-68, dort S. 47.
[2] Vgl. *M.S. Rajan*: „Modernizing" the NAM ?: The Ninth Nonaligned Summit Conference, 1989. In:
International Studies 27, 2 (1990), S. 113-133, dort S. 128f und *Klaus Fritsche*: Die 9. Gipfelkonferenz
der Blockfreien in Belgrad. In: Deutsches Übersee-Institut Hamburg (Hrsg.): Jahrbuch Dritte Welt 1991,
S. 228-235, dort S. 234.
[3] Vgl. *Miles D. Wolpin*: Third World Non-Alignment: Does It Make a Difference ? In: Bulletin of Peace
Proposals Vol. 20 (1)1989, S. 99-112.

2. Die Diskussion

Im Gegensatz zu dieser anerkennenden und zuversichtlichen Haltung vonseiten zahlreicher Nicht-Mitgliedstaaten setzte sich die Orientierungslosigkeit und Uneinigkeit innerhalb der Blockfreien-Bewegung zunächst fort. Welch geringen Stellenwert viele
blockfreie Staaten der Bewegung beimaßen und wie tief die Gräben zwischen den unterschiedlichen Gruppierungen waren, zeigte sich nicht nur daran, daß aus über einhundert
Mitgliedstaaten gerade einmal 54 Staats- oder Regierungsoberhäupter auf diesem *Gipfel*-
Treffen vertreten waren, sondern vor allem an Inhalt und Sprache der in Belgrad gehaltenen Reden.

Am interessantesten dürften in diesem Zusammenhang die Reden des jugoslawischen
Präsidenten *Janez Drnovsek*, des kubanischen Vertreters *Raúl Castro* sowie des Präsidenten von Ghana *Jerry John Rawlings* sein, da sich in ihnen die Ansichten der je nach
Standpunkt als „gemäßigt" oder „revisionistisch" bezeichneten Befürworter einer Entideologisierung und des „radikalen", aus sozialistischer Sicht „loyalen"[4] blockfreien Lagers klar widerspiegelten.

Jugoslawien, das angesichts der eigenen geographischen Lage an einer „Europäisie-
rung" der Blockfreien-Bewegung interessiert war[5], hielt es wie schon auf der Außenministerkonferenz von Nikosia für unerläßlich, „to adjust more rapidly to the latest world
trends. This also implies shedding the burden of various ideological prejudices and one-
sided views of oneself and others. Today, dialogue prevails in international relations, ...
the non-aligned Movement must be modernized and this is one of the major tasks facing
our Ninth Conference."[6]

Aus der Sicht Kubas hingegen standen die weltpolitischen Veränderungen in direktem
Zusammenhang mit dem Kampf zwischen Imperialismus und Sozialismus. Die Entspannung zwischen den beiden Supermächten, so der Bruder *Fidel Castros*, sei „not the result of a weakening of imperialism or of a change in its nature or in its positions against

---

[4] *Shameem Akhtar*: From Belgrade to Belgrade. In: Pakistan Horizon Vol. 42, Nr. 3-4 (Oct.) 1989, S.
121-134, dort S. 125.
[5] Vgl. *A.W. Singham*: Umstrukturierung der Grossmächte und der Blockfreiheit auf dem Belgrader Gipfel. In: Internationale Politik 40. Jg. (1989) Heft 952, S. 5-9, dort S. 8.
[6] *Janez Drnovsek*, Rede abgedruckt in: *Odette Jankowitsch / Karl P. Sauvant* (Hrsg.): The Third World
without Superpowers: The Collected Documents of the Non-Aligned Countries. Dobbs Ferry, New York
1978ff, Volume XII, S. 1009-1013, dort S. 1010.

socialism, the revolutionary moment and the demands of the Third World", sondern vielmehr „inseperably linked to the triumphalistic euphoria that imperialism is exuding today from its every pore."[7] Die Blockfreien-Bewegung müsse deshalb alles tun, um ihre Unabhängigkeit gegenüber den imperialistischen Mächten zu bewahren, deren Hauptziel die Zerschlagung des Sozialismus' und die Beherrschung der Dritten Welt sei.

Auch der ghanaische Staatschef *Rawlings* sah keinen Anlaß für Optimismus oder für eine Aufgabe der traditionellen Prinzipien und Forderungen der Blockfreien-Bewegung, denn in den zentralen Bereichen 'Kolonialismus' und vor allem 'Weltwirtschaft' habe die Annäherung zwischen den beiden Blöcken keinerlei Fortschritte gebracht: „ ... just as deadly as the threat of nuclear war that hung over the deliberations of the Founding Fathers almost three decades ago is the threat of economic anihilation facing our peoples today, a threat to the very existence of peoples throughout the developing world."[8]

Dieser Widerspruch - Verbesserung der sicherheitspolitischen Lage auf der einen, drastische Verschlechterung der weltwirtschaftlichen Bedingungen für die meisten Entwicklungsländer auf der anderen Seite - wurde in Belgrad von zahlreichen Rednern thematisiert. Der peruanische Präsident *Alan Garcia Perez* beispielsweise sah die größte Gefahr des internationalen Wandels darin, daß „der Entspannung die Wiederherstellung des Weltmarktes auf dem Fuße folgt, woraus sich die Bestätigung des Neoliberalismus als universale ökonomische Theorie ergeben kann."[9] Wie sich die Blockfreien in der Vergangenheit geweigert hätten, „militärische Anhängsel" der Blöcke zu sein, sollten sie sich, so *Perez*, nun dagegen verwahren, „ideologische und ökonomische Anhängsel" zu werden.

Julius Nyerere, Präsident Tansanias und Vorsitzender der 1986 in Harare einberufenen Süd-Kommission rief die Blockfreien schließlich ebenfalls dazu auf, eigene Entwicklungsstrategien zu verfolgen, solidarisch zusammenzuarbeiten und sich nicht vom Norden erpressen zu lassen. Andernfalls müsse der Süden immer wieder feststellen, daß er, wie bei den GATT-Verhandlungen der Uruguay-Runde, „vom Norden benutzt wird,

---

[7] *Raúl Castro*, Redeauszüge abgedruckt in: epd-Entwicklungspolitik 21/1989, S. i-j, dort S. i.
[8] *Jerry John Rawlings*, Redeauszüge abgedruckt in: ebd., S. j-k, dort S. k.
[9] *Alan Garcia Perez*, Redeauszüge abgedruckt in: ebd., S. e.

um eine neue Weltwirtschaftsordnung durchzusetzen, die noch mehr als die bisherige den Interessen des Nordens dient."[10]

Doch obwohl sich diese vier und zahlreiche andere Staaten (vor allem Nord-Korea, Laos, Vietnam, Libyen, Sambia, Senegal, Uganda, Zimbabwe und Nicaragua) klar gegen eine Anpassung der Bewegung im Sinne Jugoslawiens aussprachen und nach wie vor für eine scharfe Verurteilung von Imperialismus, Neo-Kolonialismus und Apartheid plädierten, setzte sich am Ende der von Indien, Ägypten, Argentinien, Venezuela und der stillen Mehrheit unterstützte Dokumentenentwurf des Gastgeberlandes durch. Die Dokumente der neunten Gipfelkonferenz[11] zeichnen sich deshalb nicht nur durch eine äußerst gemäßigte, prowestliche Sprache aus, die Blockfreien bekunden darin auch ihren Verzicht auf „prejudice and dogma" sowie ihre Bereitschaft, „to assess critically and comprehensively our position and role in the present-day world of transition and change and to identify a realistic order of priorities" (S. 901).

3. Dokumente und Beschlüsse der neunten Gipfelkonferenz

Die Dokumente von Belgrad setzen sich im Gegensatz zu früheren Gipfelkonferenzen aus verschiedenen Textarten zusammen. Wie schon ein Jahr zuvor in Nikosia verabschiedeten die Blockfreien eine kurze 'Declaration' (S. 896-905), die sie erstmals direkt an den Anfang der Dokumente stellten. Diese 23 Punkte umfassende Erklärung enthält neben einer überwiegend optimistischen Analyse des weltpolitischen Wandels und einer knappen Darstellung der Blockfreien-Positionen für einzelne Politikfelder auch ein klares Eingeständnis der eigenen Reformbedürftigkeit. Ergänzt wird sie von einer Aufzählung der sechs Themenbereiche (Frieden und Abrüstung, Wirtschaftliche Entwicklung, Unabhängigkeit und Selbstbestimmung, Umweltschutz, Schutz der Menschenrechte, Stärkung der Vereinten Nationen), mit denen sich die Blockfreien zukünftig in erster Linie befassen wollten.

Trotz der Bemühungen Jugoslawiens, den Umfang der Dokumente zu beschränken, folgen danach die traditionellen 'political and economic documents' (S. 906-1007), in

---

[10] *Julius Nyerere*, Redeauszüge abgedruckt in: ebd., S. e-g, dort S. g.

[11] Vgl. *Jankowitsch / Sauvant* (Hrsg.): The Third World ... (Anm. 6) Volume XII, S. 895-1040. Alle in diesem Kapitel angegebenen Seitenzahlen beziehen sich auf diese Dokumentenausgabe.

denen die Blockfreien ausführlich zu einzelnen Themen und Regionen Stellung nehmen und die auch bei dieser Gipfelkonferenz über einhundert Seiten umfassen.

Im zu den Dokumenten gehörenden Anhang (S. 1008-1040) sind schließlich die Eröffnungsrede *Drnovseks*, die auf der Gipfelkonferenz gefassten Beschlüsse sowie diverse Berichte verschiedener Kommissionen und Arbeitsgruppen enthalten.

3.1. Mitgliedschaft und Institutionalisierung

Auf der neunten Gipfelkonferenz wurde Venezuela, das schon seit langem als Beobachter an den Treffen der Blockfreien teilgenommen hatte, dessen Mitgliedsantrag jedoch vor allem von Guyana immer wieder abgelehnt worden war, als 102. Vollmitglied in die Bewegung aufgenommen. Der Beitritt des südamerikanischen Landes galt den meisten blockfreien Staaten als wichtiger Augenblick in der Geschichte der Bewegung, da Venezuela aufgrund seiner Erdölvorkommen den wirtschaftlichen Forderungen der Blockfreien großen Nachdruck verleihen konnte und möglicherweise auch Mexiko und Brasilien zu einer Vollmitgliedschaft ermuntern würde. Das Verhalten des neuen Mitglieds auf der Gipfelkonferenz von Belgrad löste allerdings zugleich heftige Kritik aus, denn Venezuela beging nicht nur den diplomatischen „faux pas", sich selbst als Gastgeber der nächsten Außenministerkonferenz vorzuschlagen und damit gegen das angesehene Ghana zu kandidieren, es lehnte auch das seit Jahrzehnten praktizierte Konsensverfahren ab und offenbarte dadurch, daß es mit vielen traditionellen Positionen der Blockfreien nicht übereinstimmte und ein grundlegend anderes Verständnis vom Funktionieren der Bewegung hatte.[12] Als Austragungsort der zehnten Außenministerkonferenz wurde schließlich die ghanaische Hauptstadt Accra bestimmt, während sich die Blockfreien, was den nächsten Vorsitzenden der Bewegung anging, wie üblich nicht einigen konnten.

Auf institutioneller Ebene kam es in Belgrad trotz der Vehemenz, mit der Jugoslawien und andere gemäßigte Staaten eine „Modernisierung" der Bewegung verlangten, kaum zu tiefgreifenden Veränderungen. Zwar wurde der Bericht des in Nikosia eingesetzten Minister-Komitees (S. 1018-1025) angenommen, die darin enthaltenen Empfehlungen zielten jedoch nur auf „minor procedural changes of little consequence"[13] wie eine

---

[12] Vgl. *Singham* (Anm. 5); S. 7.
[13] *Rajan*: „Modernizing" ... (Anm. 2), S. 121.

Beschränkung der Redezeit, eine stärker zielorientierte Konferenzplanung oder das Vermeiden von Wiederholungen in den Dokumenten der Blockfreien. Weiter nachgedacht werden sollte außerdem über eine Institutionalisierung der Zusammenarbeit mit der 'Gruppe der 77', über die eventuelle Schaffung zusätzlicher Koordinationsbüros in Genf, Wien oder Nairobi und eines kleinen Blockfreien-Sekretariats sowie über eine verbesserte Zusammenarbeit der im Weltsicherheitsrat der Vereinten Nationen vertretenen blockfreien Staaten.

Zwei Neuerungen gab es dagegen im Bereich der Wirtschaft, denn neben einer mit ständigem Sekretariat ausgestatteten 'Gruppe für Süd-Süd-Konsultationen und Zusammenarbeit' wurde in Belgrad eine 'Consultant Group' gegründet, deren Aufgabe es sein sollte, den stagnierenden Nord-Süd-Dialog wieder in Gang zu bringen.[14]

3.2. Programmatik

Daß die neunte Gipfelkonferenz in Belgrad von den Befürwortern einer Entideologisierung und Öffnung der Bewegung dominiert wurde, zeigte sich vielleicht am deutlichsten an deren veränderter Haltung in zahlreichen traditionellen Themenbereichen sowie an der Bereitschaft der Blockfreien, „auch in Fragen, die an der Spitze des politischen Themenkatalogs der Industriewelt stehen, den Dialog mit Ost und West aufzunehmen."[15] Insgesamt rückten dabei, wie schon in früheren Entspannungsphasen (beispielsweise Anfang der 70er Jahre) politische Fragen im Vergleich zu wirtschaftlichen in den Hintergrund.

3.2.1. Frieden und Sicherheit

Die Entspannung zwischen den beiden Blöcken wurde in den Dokumenten von Belgrad überwiegend positiv beurteilt. Zwar stellten die Blockfreien fest, daß der Frieden noch nicht stabil sei und Interventionen vonseiten der Supermächte noch immer vorkämen, insgesamt jedoch, so die Blockfreien, hätte sich das weltpolitische Klima deutlich verbessert, hätte die Annäherung zwischen der USA und der Sowjetunion viel „to the

---

[14] Vgl. unten, Seite 45f und 47.
[15] *Peter Jankowitsch*: Gemeinsames Haus Welt ? In: Österreichisches Jahrbuch für internationale Politik 6/1989, S. 76-95, dort S. 80.

relaxation of international tensions and the creation of basic prerequisites for establishing lasting peace" (S. 902) beigetragen.

Diese Einschätzung implizierte allerdings zugleich, daß die nach wie vor andauernden regionalen Konflikte nicht mehr allein als Funktion des Ost-West-Konflikts erklärt bzw. als reine „Stellvertreterkriege" betrachtet werden konnten. In der 'Declaration' ist dann auch erstmals von „deep-lying regional causes" (S. 898) die Rede und damit von der Notwendigkeit, sich intensiver um regionale Mechanismen der Streitbeilegung zu bemühen und häufiger nach „hausgemachten" und innerstaatlichen Konfliktursachen zu fragen.

Die Erkenntnis, daß Konfliktparteien nicht mehr automatisch im Dienst einer Großmacht stehen mußten und eindeutige Schuldzuweisungen dadurch immer schwieriger wurden, dürfte auch ein Grund für die veränderte Position der Blockfreien im israelisch-arabischen Konflikt gewesen sein. Hatten die Mitgliedstaaten der Bewegung noch 1986 in Harare klar für die Anliegen der Palästinenser bzw. Syriens Partei ergriffen, so plädierten sie nun für eine Internationale Nahostfriedenskonferenz unter den Auspizien der Vereinten Nationen (S. 925-928).

Was den Bereich der Abrüstung angeht (S. 907-912), so stellten die Nuklearwaffen der Supermächte bzw. der Blöcke nach Ansicht der Blockfreien nach wie vor die größte Bedrohung für die Menschheit dar. Vor allem die Unterzeichnerstaaten des Nichtverbreitungsvertrags wurden deshalb aufgefordert, der darin enthaltenen Verpflichtung zu nuklearer Abrüstung endlich nachzukommen und ein umfassendes Atomtestverbot zu beschließen. Alles in allem erfuhr das Nichtverbreitungsregime, das insbesondere von den nuklearen Schwellenländern wie Indien, Pakistan, Nord-Korea oder Argentinien wegen seines ihrer Meinung nach diskriminierenden Charakters abgelehnt wurde, in Belgrad dennoch eine positive Würdigung. Auch in Abrüstungsfragen gaben die Blockfreien schließlich die These von der Hauptverantwortlichkeit der Supermächte und deren Verbündeter allmählich auf. Dies zeigte sich daran, daß in den Dokumenten der neunten Gipfelkonferenz ausführlich auf die nukleare Rüstung regionaler Mächte sowie auf chemische und konventionelle Waffen eingegangen wurde. Die Mitgliedstaaten der Bewegung erklärten in diesem Zusammenhang erstmals deutlich „their readiness to fully contribute to the initiation and realization of the process of conventional disarmement on the global, regional and subregional levels." (S. 911) Insgesamt schienen die Blockfreien

43

dem Abrüstungsprozess in Belgrad sehr optimistisch gegenüberzustehen, planten sie doch die Einrichtung eines internationalen Entwicklungsfonds, der mit freiwerdenden Mitteln aus dem Rüstungsbereich, mit der sogenannten 'Friedensdividende' ausgestattet werden sollte.[16]

3.2.2. Unabhängigkeit, Selbstbestimmung und Rassengleichheit

Wie unter Punkt 2. bereits kurz erwähnt, entzündeten sich an den Begriffen Imperialismus, Kolonialismus und Rassismus bzw. Apartheid in Belgrad heftige Diskussionen. Widerstand gegen den moderaten Resolutionsentwurf Jugoslawiens, in dem die positiven weltpolitischen Entwicklungen auf diesem Gebiet hervorgehoben, eine namentliche Verurteilung einzelner Staaten oder allzu kämpferisch wirkende Solidaritätsbekundungen dagegen vermieden werden sollten, kam dabei vor allem von den afrikanischen Mitgliedstaaten der Bewegung. Das geschlossene Auftreten dieser Regionalgruppe und die Kompromisslosigkeit, mit der sie ihre Position vertrat[17], führten dann auch dazu, daß die in Belgrad verabschiedeten Erklärungen zu Kolonialismus und Apartheid in der Wortwahl sehr viel schärfer ausfielen als vom Vorsitzenden der Bewegung geplant. So heißt es beispielsweise zum Thema 'Südliches Afrika':

> „The Heads of State or Government strongly condemned the Pretoria regime for its acts of genocide against the defenceless African majority of South Africa and for conducting State terrorism and aggression against the Frontline and other neighbouring independent States, in particular through the recruiting, training, financing, directing and infiltrating of bandits and mercenaries for the purpose of destabilizing those States and overthrowing their governments. ... (They) were indignant and dismayed that certain Western States, themselves either arch-practitioners of the slave trade or victims of fascist aggression, or both, continue to aid and abet apartheid morally, economically, financially, politically, diplomatically and militarily." (S. 930)

Daß die Mehrzahl der blockfreien Staaten der Entkolonialisierungproblematik nach wie vor einen hohen Stellenwert einräumte, zeigte schließlich auch die Entscheidung der Bewegung, den in Harare gegründeten Afrika-Fonds zur finanziellen Unterstützung der Frontstaaten und der Befreiungsbewegungen im Süden Afrikas weiterzuführen (S. 966).

---

[16] Vgl. *Daniel Colard*: Le Sommet des Non-Alignés et la Sécurité Internationale. In: Défense Nationale, Février 1990, S. 73-83, dort S. 80.

[17] Ghana beispielsweise drohte mit seinem Rückzug aus der Bewegung, falls sich der jugoslawische Entwurf durchsetzen sollte; vgl. Frankfurter Allgemeine Zeitung vom 4. September 1989.

3.2.3. Wirtschaftliche und soziale Entwicklung

Obwohl die Blockfreien-Bewegung auch - oder gerade - in Wirtschaftsfragen in unterschiedliche Lager zerfiel, stimmten die Mitgliedstaaten doch zumindest darin überein, daß die wirtschaftliche und soziale Entwicklung der Dritten Welt, daß die Bekämpfung von Hunger und Armut angesichts des verbesserten politischen Klimas eindeutig im Vordergrund ihrer Bemühungen stehen mußten. Ebenfalls einig war man sich bei der Benennung der Ursachen für die wirtschaftliche Misere des Südens. Diese lagen nach Ansicht der Blockfreien in dem für Entwicklungsländer nach wie vor „most unfavourable international economic environment" sowie in der vollständigen Stagnation des Nord-Süd-Dialogs (S. 970-973). Wie dieser Dialog wieder in Gang gebracht werden könnte bzw. welche Strategien die Blockfreien gegenüber dem Norden in Zukunft verfolgten sollten, darüber gingen die Meinungen allerdings weit auseinander.

Während Jugoslawien, Ägypten, Indien und andere „gemäßigte" Staaten in erster Linie die Kooperationsbereitschaft der Blockfreien und deren Eigenverantwortlichkeit „for the efficient functioning of the economies" (S. 903) betonten, sahen „radikale" Staaten, die diese Haltung für ein Eingeständnis der eigenen Ohnmacht hielten, keinen Anlaß „to better behave".[18]

Beide Positionen finden sich in den Beschlüssen und Dokumenten von Belgrad wieder, wobei der Inhalt der 'Declaration' klar von den Befürwortern einer versöhnlichen Linie bestimmt wurde. Die Rede ist hier demzufolge vor allem von der Absicht der Blockfreien, einen konstruktiven, auch die Interessen der Industriestaaten berücksichtigenden Dialog zu führen, sich eindeutig zur Weltmarktintegration ihrer Volkswirtschaften zu bekennen und innerstaatliche Mißstände zu beseitigen (S. 898 und S. 902f). Die seit Anfang der 70er Jahre geforderte Neue Weltwirtschaftsordnung wurde dagegen, zumindest in diesem Teil der Dokumente „faktisch zu den Akten gelegt"[19]. Wie sehr den „gemäßigten" Mitgliedstaaten daran gelegen war, sich vom bisherigen Konfrontationskurs der Blockfreien zu distanzieren, zeigt auch der in Belgrad gefasste Beschluß, eine

---

[18] *Akhtar*: From Belgrade ... (Anm. 4), S. 123.
[19] *Fritsche*: Die 9. Gipfelkonferenz ... (Anm. 2), S. 231.

informelle, das heißt offiziell nicht mit der Bewegung in Verbindung stehende[20] Elf-Staaten-Gruppe (bestehend aus Algerien, Argentinien, Ägypten, Indien, Indonesien, Nigeria, Peru, Senegal, Venezuela, Jugoslawien und Zimbabwe) zu bilden, deren Aufgabe es sein sollte „to lobby the seven main industrialized countries in regard to the dept of $1.320 billion and other economic issues of the Third World".[21]

Ein sehr viel schärferer Ton herrschte dagegen in den ausführlichen Dokumenten zu Wirtschaftsfragen (S. 970-993), in denen sich die „Gemäßigten" nur an wenigen Stellen durchsetzen konnten, der Norden sich dementsprechend schweren Vorwürfen bezüglich seines Verhaltens gegenüber den Entwicklungsländern ausgesetzt sah. So wurde beispielsweise beklagt, daß die Industriestaaten, obwohl sie die Liberalisierung des Welthandels propagierten, zunehmend protektionistische Maßnahmen ergriffen, zugleich jedoch die finanzielle Hilfe für den Süden drastisch kürzten. Auch für die kontinuierliche Verschlechterung der 'terms of trade' und für die damit zusammenhängende Verschuldung der Entwicklungsländer wurden die Staaten des Nordens verantwortlich gemacht, die ihren Schuldnern zudem derart harte Bedingungen diktierten, daß der soziale Frieden und die politische Stabilität in vielen Entwicklungsländern gefährdet seien. Nach Ansicht der „radikalen" blockfreien Staaten stellten die wirtschaftlichen Beziehungen zwischen Industrie- und Entwicklungsländern nichts anderes als „the continuation of the dominance of the former metropolitan powers over the ex-colonies"[22] dar, weshalb sie die Forderung nach einer Neuen Weltwirtschaftsordnung ausdrücklich erneuerten (S. 972f). Moralische Appelle hielten sie im Gegensatz zu den „Gemäßigten" für aussichtslos, hatten die Industriestaaten in der Vergangenheit doch häufig genug ihre Ablehnung und Gleichgültigkeit gegenüber Nord-Süd-Gesprächen bzw. den Problemen der Entwicklungsländer demonstriert.[23] Um Druck auf den Norden auszuüben, wurde in den 'economic documents' stattdessen häufig auf die globalen Auswirkungen des krassen Entwicklungsunterschiedes zwischen Erster und Dritter Welt hingewiesen, der nicht nur „a threat

---

[20] Dies geschah, „because the ... major members of the group of seven main industrialized countries (Britain and the United States) were allergic to dealing with a group from the NAM." *Rajan*: „Modernizing" ... (Anm. 2), S. 122.
[21] Ebd.
[22] *Akhtar*: From Belgrade ... (Anm. 4), S. 126.
[23] Bestärkt in dieser Einschätzung wurden die 'radikalen' Staaten durch die gescheiterten Gesprächsinitiativen einzelner blockfreier Staaten (Ägypten, Senegal, Venezuela und Indien) während eines G-7-Treffens im Juli 1989 in Paris. Vgl. *Akhtar*: From Belgrade ... (Anm. 4), S. 123.

to global peace and stability" (S. 970) darstelle, sondern, angesichts etwa der durch Unterentwicklung verursachten Umweltzerstörung, die Industriestaaten auch direkt betreffen könne (S. 994). Die in Folge der enormen Verschuldung zahlreicher Entwicklungsländer deutlich geschwächte Verhandlungsposition des Südens rückte schließlich auch das Konzept der 'self reliance' wieder stärker in den Vordergrund. In Belgrad sprachen sich die Blockfreien in diesem Zusammenhang für eine rasche und konsequente Umsetzung bereits bestehender Aktionspläne sowie für eine bessere Abstimmung ihrer Programme mit denen der 'Gruppe der 77' aus (S. 990-993). Darüber hinaus bildeten sie eine aus dreizehn, in der Mehrzahl wirtschaftlich entwickelteren Staaten bestehende Gruppe[24], die sich auf höchster Regierungsebene und in enger Zusammenarbeit mit der Süd-Kommission mit Problemen und Möglichkeiten der wirtschaftlichen 'Süd-Süd-Kooperation' befassen sollte.[25]

Der Einfluß der für eine moderate Haltung der Blockfreien-Bewegung eintretenden Mitgliedstaaten läßt sich allerdings auch in diesem Teil der Dokumente an einigen Stellen nicht übersehen. Im Abschnitt über Verschuldung (S. 974-977) beispielsweise ist von der in der Vergangenheit erhobenen Forderung nach einem umfangreichen Schuldenerlaß nicht mehr die Rede. Stattdessen heißt es dort:

„Developing debtor and developed creditor countries should review, in a spirit of openness and cooperation, all concrete measures that could effectively bring debt servicing in line with the actual payment capacity of debtor countries, thus halting the drain of developing countries' resources" (S. 976).

Der von den „gemäßigten" Staaten angestrebte Übergang von Konfrontation zu Kooperation manifestierte sich schließlich auch darin, daß die bislang heftig kritisierten internationalen Finanz- und Handelsinstitutionen IWF, Weltbank und GATT in den Dokumenten von Belgrad erstmals positiv, die von den Industriestaaten abgelehnte UNCTAD dagegen nur noch am Rande erwähnt wurden (S. 974-984). Dieser Meinungswandel läßt sich allerdings auch als Ausdruck von Resignation interpretieren, als Konsequenz aus der schmerzlichen Erkenntnis, „daß die Verhältnisse im Bereich der materiellen Beziehungen

---

[24] Dieser 13er-Gruppe gehörten anfänglich Ägypten, Algerien, Argentinien, Indien, Indonesien, Jamaika, Jugoslawien, Malaysia, Nigeria, Peru, Senegal, Venezuela und Zimbabwe an. Nachdem sich kurz nach der neunten Gipfelkonferenz noch Brasilien und Mexiko anschlossen, wurde sie in 'Gruppe der 15' umbenannt.
[25] Vgl. *Fritsche*: Die 9. Gipfelkonferenz ... (Anm. 2), S. 233.

nicht durch zahlenmäßige Überlegenheit in internationalen Organisationen, besonders in der Generalversammlung, oder durch Wiederholung gleicher Forderungen in zahlreichen Resolutionen geändert werden können."[26]

3.2.4. Multilateralisierung und Demokratisierung der internationalen Beziehungen

Die Annäherung zwischen den USA und der Sowjetunion und der daraus resultierende weltpolitische Wandel weckten, wie bereits geschildert, bei den meisten Blockfreien große Erwartungen bezüglich einer Veränderung des bipolaren internationalen Systems und einer „Renaissance" der Vereinten Nationen. In der 'Declaration' äußerten sie dann auch zuversichtlich die Ansicht „that the world is becoming multi-polar and is increasingly integrating" (S. 901). Und: „Multilateralism, of which the United Nations is the center-piece, has a growing role to play both at the global and regional levels." (S. 905)

Zugleich jedoch zeigte sich der allgemeine Trend zu mehr Pragmatismus und Kooperation auch in Bezug auf das eigene Auftreten innerhalb der Vereinten Nationen. So verzichteten die Blockfreien in Belgrad nicht nur auf die in der Vergangenheit oftmals erhobenen, eher unrealistischen Forderungen nach einer Revision der Charta der VN oder einer Aufhebung des Vetorechts im Weltsicherheitsrat; indem sie sich bereit erklärten, „to ensure that the machinery of the United Nations is reinforced, and its activities effectively co-ordinated" (S. 905), kamen sie den auf die Sicherung der Organisationseffizienz der Vereinten Nationen abzielenden Reformvorstellungen der Industriestaaten[27] sogar entgegen. Kritik an der Politik der USA, die mit ihrer Beitragszurückhaltung eine ernsthafte finanzielle Krise der Vereinten Nationen ausgelöst hatten, und die außer auf Sparmaßnahmen und eine Verbesserung des Managements auch auf die Abschaffung des auf dem Prinzip 'one State - one vote' beruhenden Entscheidungsverfahrens in der Generalversammlung und damit auf einen geringeren Einfluß der Entwicklungsländer drängten[28], sucht man in den Dokumenten dagegen vergeblich. Auch eigene Reformvorschläge der

---

[26] *Zivojin Jazic*: Blockfreiheit und Revival der UNO. In: Internationale Politik 40. Jg. (1989) Heft 951, S. 18-21, dort S. 20.
[27] Vgl. *Klaus Dicke*: Effizienz und Effektivität internationaler Organisationen. Berlin 1994, S. 213-228 und (zu den Problemen 'Koordination und Kontrolle') S. 228-279.
[28] Zur Reformdebatte zwischen 1985 und 1989 insgesamt vgl. *Dicke* (Anm. 27), S. 279-300 und *K.P. Saksena*: Reforming the United Nations. The Challenge of Relevance. Neu-Delhi, London, Newbury Park 1993, S. 105-162.

Bewegung wurden in Belgrad nicht präsentiert, forderten die Blockfreien dort doch lediglich eine ausgewogenere Verteilung der Posten im System der VN (S. 952) sowie die Teilnahme des Vorsitzenden der Bewegung an den Debatten des Weltsicherheitsrates (S. 1024).

Eine noch deutlichere Annäherung an westliche Positionen zeigte sich schließlich im Bereich des Völkerrechts. Schon im Juni 1989 hatten die Blockfreien ein Außenministertreffen über 'Frieden und Völkerrecht' in Den Haag abgehalten, auf dem sie sich unter anderem für eine von den Vereinten Nationen ausgerufene 'Dekade des Völkerrechts' sowie für eine Stärkung des Internationalen Gerichtshofs aussprachen.[29] Letzterer war wegen seines Übergewichtes an westlichen Vertretern und westlichen Rechtsnormen in der Vergangenheit eher abgelehnt worden, wurde nun aber (nicht zuletzt wegen der Verurteilung der USA für deren Verminung nicaraguanischer Häfen) für geeignet befunden, völkerrechtlich bindende Vereinbarungen auf internationaler Ebene umzusetzen.[30] Die Empfehlungen der Konferenz von Den Haag wurden in Belgrad ausdrücklich begrüßt (S. 949).

3.2.5. Umwelt

Die seit Mitte der 80er Jahre immer geringer werdende Gefahr eines nuklearen Schlagabtauschs zwischen den beiden Blöcken lenkte die Aufmerksamkeit der internationalen Akteure zunehmend auf „neue" Themen wie Menschenrechte und Demokratie oder Ökologie.[31] Auch die Blockfreien befassten sich in Belgrad erstmals ausführlicher mit dem Bereich 'Umwelt', wobei sie vor allem den Aspekt der wechselseitigen Abhängigkeit und der globalen Verantwortlichkeit für den Schutz der Umwelt hervorhoben. In der 'Declaration' heißt es hierzu: „Growing environmental problems, which pose a threat to the very survival of mankind, testify to the interdependence of interests of all nations." (S. 898) Ebenso betont wird in den Dokumenten der Zusammenhang zwischen Umweltzerstörung und Unterentwicklung: „Land degradation, deforestation, water and air

---

[29] Vgl. 'The Hague Declaration of the Ministers of Foreign Affairs of the Movement of Non-Aligned Countries Meeting to Discuss the Issue of Peace and the Rule of Law in International Affairs', abgedruckt in: Alternatives 15 (Winter 1990), S. 123-128.
[30] Vgl. epd-Entwicklungspolitik 14/1989, S. 1.
[31] Vgl. *Ernst-Otto Czempiel*: Weltpolitik im Umbruch. München (2. Auflage) 1993, S. 125-130.

pollution, desertification, result from, among other causes, excessive pressure on natural resources, and because of poverty, ignorance and rising population." (S. 904) Den Staaten des Nordens sollte damit klar gemacht werden, daß es in ihrem eigenen Interesse ist, sich mit den wirtschaftlichen und sozialen Problemen der Entwicklungsländer auseinanderzusetzen und diesen Zugang zu finanziellen Mitteln sowie zu umweltverträglichen Technologien zu verschaffen.

Gegen den Willen Jugoslawiens und anderer „gemäßigter" Staaten richteten die Blockfreien auf der neunten Gipfelkonferenz aber auch deutliche Vorwürfe an die Industriestaaten, die aufgrund ihrer Produktionsmethoden und ihres Konsumverhaltens die Hauptschuld an der Verschmutzung der Atmosphäre, an der Veränderung des Weltklimas und damit verbundenen Problemen trügen und deshalb auch die Hauptverantwortung beim Kampf gegen die Umweltzerstörung übernehmen müßten. (S. 994-996) Der damalige indische Premierminister *Rajiv Gandhi* forderte in diesem Zusammenhang die Schaffung eines 'Planet Protection Funds', in den (mit Ausnahme der ärmsten Entwicklungsländer) alle Mitgliedstaaten der Vereinten Nationen 0,1 % ihres Bruttoinlandproduktes einbezahlen und dessen Gelder (insgesamt ca. 18 Milliarden Dollar) für die Entwicklung und den Kauf umweltschonender Technologien verwendet werden sollten. Dieser Vorschlag wurde sowohl von den Mitgliedstaaten der Bewegung als auch von den Staaten des Commonwealth[32] begrüßt, da er den Industrieländern deutlich höhere Summen abverlangte, zugleich jedoch die Kooperationsbereitschaft und den Willen der Entwicklungsländer demonstrierte, sich im Rahmen ihrer Möglichkeiten an der Lösung globaler Umweltprobleme zu beteiligen.

Zugleich wiesen die Blockfreien allerdings mehrmals darauf hin, daß die gerade im Bereich der Ökologie unverzichtbare internationale Zusammenarbeit auf keinen Fall zu Lasten des Südens gehen oder das Souveränitätsprinzip verletzen dürfe. In den Dokumenten äußerten sie diesbezüglich scharfen Protest gegen die Praxis der Industriestaaten, giftige oder radioaktive Abfälle in die Dritte Welt zu exportieren bzw. auf offener See zu entsorgen sowie gegen die aus ihrer Sicht steigende Tendenz „towards external imposition and increased conditionality on the part of some developed countries in dealing with environmental issues" (S. 994).

---

[32] Einzig Großbritannien stimmte hier gegen den Fonds; vgl. *Rajan*: „Modernizing" ... (Anm. 2), S. 123.

3.2.6. Demokratie und Menschenrechte

Was das Thema 'Menschenrechte' betrifft, so war gerade dieser Hinweis auf die staatliche Souveränität bzw. auf das Verbot der Einmischung in innere Angelegenheiten in Belgrad erstmals nicht in den Dokumenten der Blockfreien-Bewegung enthalten. Die „gemäßigten" Staaten um den Vorsitzenden Jugoslawien hatten sich damit gegen jene Mitgliedstaaten durchgesetzt, die die Universalität der Menschenrechte bestritten und, wie zehn Jahre zuvor auf der Gipfelkonferenz von Havanna, der Meinung waren, daß diese nicht „aus ihrem nationalen, wirtschaftlichen und gesellschaftlichen Zusammenhang"[33] herausgelöst werden könnten. In Belgrad war somit weder von einer „massenhaften und systematischen" Verletzung der Menschenrechte durch Kolonialismus, Zionismus, Rassismus oder wirtschaftliche und soziale Ausbeutung noch von den „Grundfreiheiten der Völker" oder dem „Recht auf Entwicklung" die Rede.[34] Die Blockfreien beschränkten sich vielmehr auf den knappen Satz: „We consider the right of every individual to fully enjoy civil, political, economic, social and cultural rights to be the source of the greatest inspiration to our Movement." (S. 905)

Den prowestlichen Mitgliedstaaten ist es auch zu verdanken, daß die Notwendigkeit demokratischer Reformen auf der neunten Gipfelkonferenz erstmals eingestanden wurde. Angesichts der zahlreichen nicht-demokratischen Regierungen innerhalb der Bewegung geschah dies allerdings auf sehr rücksichtsvolle und unverbindliche Weise. So stellten die Blockfreien in der 'Declaration' fest: „Many countries in the world are undertaking wide-ranging policy reforms in an effort to adapt to the realities of a rapidly changing world. A greater degree of openness and cooperation is vital for the success of the trend towards global integration." (S. 897) Explizite Forderungen nach einer Stärkung der Demokratie finden sich dagegen in mehreren Resolutionen zu Lateinamerika und der Karibik (S. 916-920).

Insgesamt widmeten die Blockfreien diesem Themenbereich in den Dokumenten von Belgrad allerdings nur wenige kurze Abschnitte. Die Ursache hierfür liegt darin, daß viele Mitgliedstaaten der Bewegung jede Diskussion über Demokratie oder Menschen-

---

[33] Dokumente der sechsten Gipfelkonferenz der Blockfreien-Bewegung in Havanna (1979). Resolution über 'Menschenrechte und Rechte der Völker' abgedruckt in: epd-Entwicklungspolitik 21/1989, S. d.
[34] Vgl. ebd.

rechte nach wie vor strikt ablehnten. Der ghanaische Außenminister *Asanoah* brachte deren Meinung klar zum Ausdruck, als er erklärte: „Es sind diejenigen, die wohlgenährt sind, die auf dieser Frage insistieren."[35]

3.2.7. Terrorismus und Drogen

Auch mit diesen beiden Problembereichen beschäftigten sich die Blockfreien in Belgrad zum ersten Mal. Sie sind jedoch vor allem deshalb interessant, weil sich in ihnen die Uneinigkeit innerhalb der Bewegung und die Spannungen zwischen „Modernisierern" und „Traditionalisten" klar widerspiegeln.

Beim Thema Terrorismus zeigte sich dies insofern, als die Einstellung westlicher Staaten, wonach jede Form von Terrorismus grundsätzlich zu verurteilen sei, einerseits bekräftigt wurde, man andererseits jedoch „the legitimacy of the struggle for independence and against colonialism, racism and all other forms of foreign domination and occupation" (S. 947) ausdrücklich bestätigte. Die Heterogenität der Bewegung trat hier besonders deutlich zutage, denn während vor allem den lateinamerikanischen Mitgliedstaaten sehr an der Bekämpfung des in ihrer Region stark mit dem Drogenhandel verflochtenen Terrorismus' gelegen war, vertraten andere (insbesondere arabische) blockfreie Staaten insgeheim weiterhin die Auffassung, daß das Ziel die Mittel heilige, terroristische Aktionen demzufolge unter bestimmten Umständen gerechtfertigt seien.

In den Dokumenten zu Drogenmißbrauch und -handel (S. 1006f) lassen sich solche Unstimmigkeiten ebenfalls erkennen. Auch dort teilen die Blockfreien zunächst die Besorgnis der Industriestaaten, auch dort bekennen sie sich zu internationaler Kooperation und „shared responsibility" - um noch im selben Abschnitt wieder energisch auf „each country's sovereignty and cultural identity" zu verweisen und finanzielle Unterstützung des Nordens für die vom Drogenanbau lebende Landbevölkerung zu fordern.

---

[35] Zitiert nach *Klaus Fritsche*: Wende der Blockfreien in Belgrad. In: epd-Entwicklungspolitik 18/1989, S. 14-16, dort S. 15.

4. Die Beurteilung der neunten Gipfelkonferenz

Der Verlauf und die Ergebnisse der neunten Gipfelkonferenz wurden außer von den „gemäßigten" Mitgliedstaaten der Bewegung vor allem von westlichen Beobachtern und Berichterstattern begrüßt und als „Wende"[36], „Wiederbelebung"[37] oder „neuer Höhepunkt im Leben einer nun schon jahrzehntealten Bewegung"[38] bezeichnet. Als größten Erfolg werteten sie dabei, daß die „radikalen" Staaten ihren Einfluß auf die Programmatik der Blockfreien weitgehend verloren hatten und sich in Belgrad deshalb Realismus und Pragmatismus gegen den „dogmatisme doctrinaire"[39] der Vergangenheit durchsetzen konnten.

Dieser positiven Beurteilung der Konferenz wurde jedoch gleich von zwei Seiten widersprochen. Zum einen von den Anhängern des „radikalen" Lagers, die in der angepassten Haltung der Blockfreien nur eine Anbiederung an den Westen sahen und insbesondere Jugoslawien vorwarfen, fundamentale Prinzipien der Bewegung verraten zu haben.[40] Sie hielten die mit der Entspannung zwischen den Blöcken einhergehende Entideologisierung der internationalen Politik insgesamt für gefährlich, da die „ideological predispositions" der Vergangenheit nun durch „the raw, earthy values and pulls of the market place"[41] ersetzt würden. Diese Einschätzung zeigt deutlich, wie sehr einige Mitgliedstaaten der Bewegung die Teilung der Welt in zwei antagonistische Blöcke vermißten, wie sehr sie nicht mehr die Herrschaft der Großmächte, sondern deren Indifferenz gegenüber den Blockfreien bzw. wirtschaftlich schwachen Staaten fürchteten.

Anderen hingegen gingen die Ergebnisse des Gipfeltreffens von Belgrad nicht weit genug, da dort weder eine wirkliche „Modernisierung" der Arbeitsweise noch eine selbstkritische Analyse der eigenen Unzulänglichkeiten stattgefunden hätten. So wurde beispielsweise beklagt, daß Fragen der friedlichen Konfliktschlichtung innerhalb der Bewegung erneut ausgeklammert und keinerlei materielle Fortschritte im Bereich der

---

[36] Ebd. S. 14.
[37] Neue Züricher Zeitung vom 6. September 1989.
[38] *Jankowitsch*: Gemeinsames ... (Anm. 15), S. 91.
[39] *Colard*: Le Sommet ... (Anm. 16), S. 75.
[40] Vgl. *Akhtar*: From Belgrade ... (Anm. 4), S. 121f.
[41] *A.P. Rana*: A Crisis of Nomenclatural Identity. In: World Focus Vol. X Nr. 6 (June 1989), S. 10-12, dort S. 11.

wirtschaftlichen Süd-Süd-Kooperation erzielt worden seien.[42] Auch die in Anbetracht der faktischen Gebundenheit zahlreicher Mitgliedstaaten der Bewegung dringend notwendige Diskussion über Möglichkeiten der Disziplinierung bzw. über die Identität der Blockfreien im allgemeinen sei in Belgrad nicht geführt worden. Diese „crisis of nomenclatural identity" stelle jedoch angesichts der schwindenden Konkurrenz zwischen Ost und West in Zukunft das Hauptproblem der Blockfreien dar, denn, so *Rana*:

> „ ... the adjectival qualification of the movement is becoming dysfunctional for its future viability. As long as it calls itself the 'non-aligned movement', it exposes itself to the charge of a disjunction (both literal and substantive) between precept and practice, which none of the linguistic esoterics of the NAM's manifold definitions and resolutions can succeed in obscuring."[43]

Nach Ansicht dieser Gruppe von Kritikern hätten die Blockfreien alles in allem auch in Belgrad wieder den Fehler begangen, wortreich formulierte Forderungen oder Absichtserklärungen als Errungenschaften an sich zu betrachten. Die neunte Gipfelkonferenz stelle deshalb bestenfalls einen „semantic triumph"[44], keineswegs jedoch eine wirkliche Wende im Verhalten der Blockfreien dar.

---

[42] Vgl. *Rajan*: „Modernizing" ... (Anm. 2), S. 125f.
[43] *Rana*: A Crisis ... (Anm. 41), S. 12.
[44] *Rajan*: „Modernizing" ... (Anm. 2), S. 132.

Kapitel 4

1989 bis 1992: Die Blockfreien-Bewegung in der Krise

Ungeachtet der oben geschilderten Kritik wurde die Zukunft der Blockfreien, angesichts der in Belgrad vorgenommenen Entideologisierung der Bewegung, nach der neunten Gipfelkonferenz zunächst sehr optimistisch betrachtet. Nicht nur Vertreter des Westens bzw. der Industriestaaten begrüßten die neue Kooperationsbereitschaft der Blockfreien, auch die Mehrzahl der Mitgliedstaaten hielt eine verstärkte Hinwendung zu Dialog und Pragmatismus für geeignet, den Einfluß der Bewegung auf die Weltpolitik zu vergrößern und so die Ziele der wirtschaftlich und / oder militärisch schwachen blockfreien Staaten allmählich zu verwirklichen.

Diese Erwartungen wurden während der drei darauffolgenden Jahre allerdings in keinster Weise erfüllt. Die aus der Sicht der Blockfreien äußerst negative Entwicklung der internationalen Beziehungen im militärischen, politischen, wirtschaftlichen und sozialen Bereich, der Zerfall der Sowjetunion und kriegerische Auseinandersetzungen in Jugoslawien führten vielmehr dazu, daß die Bewegung zwischen den Gipfelkonferenzen von Belgrad und Jakarta in eine schwere Krise geriet - ein Begriff, der angesichts mehrmaliger Forderungen nach Auflösung, Umbenennung oder Fusion der Bewegung mit der 'Gruppe der 77' sowie des offiziellen Austritts Argentiniens im September 1991 nicht übertrieben scheint.

1. Die Entwicklung der internationalen Beziehungen

Obwohl die Blockfreien so gut wie keinen Einfluß auf die Entwicklung der internationalen Beziehungen zwischen 1989 und 1992 hatten, für deren negative Auswirkungen auf den Süden deshalb auch nicht direkt verantwortlich gemacht werden konnten, sahen sie sich in zweifacher Hinsicht von dieser Entwicklung betroffen. Zum einen ließ die Tatsache, daß in einigen zentralen Politikbereichen keinerlei Fortschritte zu erkennen waren, auch Mitgliedstaaten der Bewegung zunehmend an deren Effektivität oder gar Existenzberechtigung zweifeln. Zum anderen führte der Wegfall der Ost-West-Konfrontation dazu, daß der Süden auf einigen Gebieten immer mehr in die „Defensive" geriet.

Sehr deutlich zeigte sich dies im Bereich 'Frieden und Sicherheit'. Schon wenige Monate nach der neunten Gipfelkonferenz mußten die Blockfreien beispielsweise feststellen, daß von der aufgrund des verbesserten weltpolitischen Klimas erhofften Gewaltlosigkeit in den internationalen Beziehungen nichts zu spüren war. Die militärische Intervention der USA in Panama im Dezember 1989 passte keineswegs zu der allgemein geäußerten Erwartung, wonach es „in Zukunft nicht mehr zu Interventionen von Industriestaaten in Entwicklungsländern kommen (würde), um die Konformität in einem bipolaren Weltkonflikt sicherzustellen."[1] Aus der Sicht der Blockfreien bewies das Verhalten der USA vielmehr, daß Souveränität und territoriale Integrität eines kleinen Staates nach wie vor den machtpolitischen Interessen einer Supermacht untergeordnet werden konnten.[2]

Der Entspannungsprozess zwischen den USA und der Sowjetunion verlief zunächst ebenfalls langsamer als erwartet.[3] Noch im Februar 1990 bezeichnete beispielsweise der damalige Generalsekretär der Vereinten Nationen *de Cuellar* den Wandel in den Beziehungen zwischen Ost und West als „still too fresh and fragile to warrant any categoral predictions for the future course"[4], und auch die Abrüstungsverhandlungen kamen zwischen 1987 und 1991 kaum voran.

Zu tiefgreifenden Veränderungen kam es schließlich erst mit der Unterzeichnung des START-Vertrages im Juli 1991[5] sowie mit der formellen Auflösung des Warschauer Paktes im gleichen Monat. Die nun kontinuierlich zunehmende Kooperation zwischen den USA und der Sowjetunion bzw. deren Nachfolgestaaten verringerte die Gefahr einer bewaffneten Konfrontation zwischen Ost und West und damit auch eines globalen

---

[1] *Gert Krell*: Das Weltsystem nach dem Ost-West-Konflikt: Konfliktpotential und Friedensperspektiven. In: *Klaus Dieter Wolf* (Hrsg.): Ordnung zwischen Gewaltproduktion und Friedensstiftung. Baden-Baden 1993, S. 15-29, dort S. 16.
[2] Vgl. Erklärung des Koordinationsbüros der Blockfreien vom 20. Dezember 1989, auszugsweise abgedruckt in *Peter Jankowitsch*: Gemeinsames Haus Welt ? In: Österreichisches Jahrbuch für internationale Politik 6/1989, S. 76-95, dort S. 90.
[3] Vgl. *Ernst-Otto Czempiel*: Weltpolitik im Umbruch. München (2. Auflage) 1993, S. 57-68.
[4] Zitiert nach *M.S. Rajan*: The Sovereign-Nation-State System, the Nonaligned, and the Democratization of International Relations. In: International Studies 28, 2 (1991), S. 111-127, dort S. 111.
[5] Vgl. *Eckhard Lübkemeier*: Nukleare Rüstung und Rüstungskontrolle. In: *Wichard Woyke* (Hrsg.): Handwörterbuch Internationale Politik. Opladen (6. Auflage) 1995, S. 352-360, dort S. 355-357.

Nuklearkrieges entscheidend, weshalb sich die Aufmerksamkeit von Politik und Wissenschaft verstärkt auf die gewaltsamen Auseinandersetzungen in der Dritten Welt[6] richtete.

Für einige dieser Konflikte (zum Beispiel Afghanistan, Angola, Namibia, Kambodscha oder West-Sahara) konnten Ende der 80er Jahre zwar Lösungsansätze gefunden werden, zahlreiche andere jedoch hatten sich von „Stellvertreterkriegen" zu Konflikten mit regional-endogenen oder innerstaatlichen Ursachen (zurück-)entwickelt bzw. waren aufgrund der „Emanzipation der früheren Klienten"[7] und der nicht mehr vorhandenen Disziplinierungsfunktion des Ost-West-Konflikts neu entstanden. Diese Zunahme an meist nicht dem Bild des klassischen zwischenstaatlichen Krieges entsprechenden Konflikten, die größere Unabhängigkeit und Konfliktbereitschaft der Regionalmächte ließen im Norden den Eindruck einer „neuen Unübersichtlichkeit"[8] und damit zugleich ein Gefühl der Bedrohung entstehen. Die wachsende Furcht vor der Dritten Welt bezog sich zunächst allerdings weniger auf den militärisch-sicherheitspolitischen Aspekt als auf wirtschaftliche Konsequenzen (vor allem im Bereich der Ölversorgung) sowie auf das auch als „Chaosmacht" bezeichnete Destabilisierungspotential des Südens im ökologischen (globale Umweltzerstörung), demographischen (Migration) und sozio-kulturellen (insbesondere islamischer Fundamentalismus) Bereich.[9]

Erst die Annexion Kuwaits durch den Irak führte dem Norden auch das Problem der Massenvernichtungsmittel in der Dritten Welt[10] vor Augen, zumal der Fall Irak gezeigt hatte, daß das Regime der nuklearen Nichtverbreitung besonders auf dem Gebiet der Verifikation eklatante Mängel aufwies. Die befürchtete drastische Zunahme sogenannter „Weapon States"[11] und die daraus entstehende strategische Bedrohung veranlassten

---

[6] 1990/91 waren dies 12 in Afrika, 15 in Asien, 8 im Nahen und Mittleren Osten und 6 in Lateinamerika; vgl. *Hanne-Margret Birckenbach / Uli Jäger / Christian Wellmann* (Hrsg.): Jahrbuch Frieden 1992. München 1991, S. 52f.

[7] *Czempiel*: Weltpolitik ... (Anm. 3), S. 53.

[8] *Claudia Schmid*: Regionalkonflikte in der Dritten Welt nach dem Ende des Ost-West-Konflikts: alte Probleme und neue Trends. In: *Wolf* (Hrsg.): Ordnung ... (Anm. 1), S. 111-127, dort S. 118.

[9] Vgl. *Volker Matthies*: „Feindbild" Dritte Welt ? Wider die Militarisierung und Marginalisierung der Nord-Süd-Beziehungen. In: *Volker Matthies* (Hrsg.): Kreuzzug oder Dialog. Die Zukunft der Nord-Süd-Beziehungen. Bonn 1992, S. 7-22, dort S. 12.

[10] Vgl. *Michael Brzoska*: Bedrohung aus dem Süden ? Massenvernichtungsmittel in der Dritten Welt. In: *Matthies* (Hrsg.): Kreuzzug ... (Anm. 9), S. 41-55.

[11] Der Begriff „Weapon State" stammt von *Charles Krauthammer*. Dieser versteht darunter „an unusual international creature", die erstens kein Nationalstaat ist, zweitens einen außerordentlich mächtigen Staatsapparat besitzt und drittens dem Westen feindlich gegenüber steht. Vgl. *Charles Krauthammer*: The Unipolar Moment. In: Foreign Affairs Nr.1, 1990/91, S. 23-33, dort S. 30f.

schließlich die US-Streitkräfte und die NATO, ein „flexibles Sondereinsatzkommando"
bzw. „mobile multinationale Einheiten" für schnelle Eingriffe in den Staaten des Südens
zu bilden.[12] Das „bipolare Denken in Großkonflikten und konfrontativen Blöcken"[13] aus
der Zeit des Ost-West-Konflikts wurde so allmählich auf den völlig anders gearteten
Nord-Süd-Konflikt übertragen, der Süden und damit auch die Blockfreien-Bewegung
zum neuen Feindbild des Westens gemacht. Diese Politik der Industriestaaten, die angesichts massiver Rüstungsexporte in die Dritte Welt[14] wohl in erster Linie „legitima-
torische Bedürfnisse von Sicherheitspolitikern, Militärs und Rüstungsindustriellen nach
dem Ende des Ost-West-Konflikts"[15] befriedigen sollte, führte aber auch zu einer veränderten Wahrnehmung der Dritten Welt durch weite Teile der Bevölkerung des Nordens.
So richtete sich die Aufmerksamkeit der Öffentlichkeit nun fast ausschließlich auf die
pauschal als korrupt und machtbesessen bezeichneten Regierungen des Südens, die allein
die Schuld an der wirtschaftlichen Rückständigkeit der Entwicklungsländer trügen[16] -
eine Sichtweise, die auf viele Staaten der Dritten Welt ohne Zweifel zutraf (und -trifft),
die ernsthafte, angesichts ungerechter Weltmarktstrukturen jedoch zum Scheitern verurteilte Bemühungen zahlreicher anderer Staaten um Demokratisierung und Integration in
die Weltwirtschaft aber außer acht läßt.

Gerade auf wirtschaftlichem Gebiet äußerte sich die Krise der blockfreien und anderer
Dritte-Welt-Staaten in besonderem Maße, denn die Kluft zwischen Arm und Reich hatte
sich im Laufe der 80er Jahre weiter vertieft: Das Verhältnis der Einkommen zwischen
den wohlhabendsten und ärmsten 20 % der Weltbevölkerung beispielsweise betrug 1970
32:1, 1980 45:1, 1989 dagegen 59:1[17]. Verantwortlich für diese Entwicklung, an der sich

---

[12] Vgl. *Karen Dippe / Roman Herzog*: Die Auswirkungen der Veränderungen in Osteuropa auf den
„Nord-Süd-Konflikt". In: Peripherie Nr. 41 (1991), S. 25-49, dort S. 35 und *Czempiel*: Weltpolitik ...
(Anm. 3), S. 63.
[13] *Winrich Kühne*: Die Nord-Süd-Beziehungen nach dem Ende des Ost-West-Konflikts. In: *Erhard
Forndran* (Hrsg.): Politik nach dem Ende des Ost-West-Konflikts. Baden-Baden 1992, S. 79-97, dort S.
85.
[14] Vgl. *Herbert Wulf*: Waffenexport zu Beginn der neunziger Jahre. In: Europa-Archiv 11/1992, S. 313-
322 und *Frederick Clairmonte*: The arms trade and the Third World. In: Third World Resurgence Nr.
18/19 1992, S. 28-30.
[15] *Matthies*: „Feindbild" ... (Anm. 9), S. 15; vgl. auch *V.P. Dutt*: New World Disorder. In: World Focus
Volume 13, Nr. 11-12 (Nov.-Dec.) 1992, S. 7-9 und 14, dort S. 8.
[16] Vgl. *Lothar Brock*: Auflösung oder Ausbreitung ? Die Dritte Welt in ihrem fünften Jahrzehnt. In:
Wolf (Hrsg.): Ordnung ... (Anm. 1), S. 49-70, dort S. 57f.
[17] Vgl. *Ingomar Hauchler* (Hrsg.): Globale Trends 93/94. Frankfurt am Main 1993, S. 51.

auch durch das rasche Wachstum der sogenannten „kleinen Tiger" (Südkorea, Taiwan, Hongkong und Singapur) und die Herausbildung einiger anderer Schwellenländer nichts grundlegendes geändert hatte[18], waren in erster Linie der Zerfall der Rohstoffpreise, der wachsende Handelsprotektionismus der Industriestaaten, die geringe, in keinster Weise der Wirtschaftsmacht der OECD-Staaten entsprechende Entwicklungshilfe sowie die drastische Verschuldung des Südens, die zwischen 1984 und 1989 zu einem Netto-Kapitalabfluß aus den Entwicklungsländern von 153 Milliarden US-Dollar geführt hatte.[19] Doch die 80er Jahre galten nicht nur als „verlorenes Jahrzehnt", sie führten vielen der hoch verschuldeten Dritte-Welt-Staaten auch die Ungerechtigkeit des internationalen Währungs- und Finanzsystems vor Augen, das ihnen strenge Strukturanpassungsprogramme auferlegte, während Industriestaaten (wie die USA, das 1988 mit 532 Milliarden US-$ höchst verschuldete Land) nahezu ohne Auflagen ihren Kapitalbedarf decken konnten.[20]

Auch das Ende des Ost-West-Konflikts änderte nichts an der wirtschaftlichen Situation der Entwicklungsländer, zumal von einer 'Friedensdividende' nicht die Rede sein konnte. Hinzu kam, daß die Aufmerksamkeit der Industriestaaten sich nach dem Fall des „eisernen Vorhangs" stärker auf die ehemaligen Planwirtschaften Osteuropas als auf die keine geostrategische Bedeutung mehr besitzenden Staaten des Südens richtete.[21] Diese Verlagerung zeigte sich sehr deutlich bei privaten Investitionen, doch auch die internationalen Finanzorganisationen und einzelne Staaten vergaben ihre Kredite statt an Staaten der Dritten Welt in zunehmendem Maße an das sich in einer Phase wirtschaftlicher Umstrukturierung befindende Osteuropa.[22] Ein Prioritätenwandel ließ sich auch bei der Europäischen Gemeinschaft feststellen, die schon 1988/89 mit einer Reihe mittel- und osteuropäischer Staaten Handels- und Kooperationsverträge abgeschlossen hatte und

---

[18] Vgl. *Lothar Brock*: Die Dritte Welt in ihrem fünften Jahrzehnt. In: Aus Politik und Zeitgeschichte B 50 / 1992, S. 13-23 und *Brock*: Auflösung ... (Anm. 16).

[19] Vgl. *Uwe Andersen / Andreas Langmann*: Eine „neue" Neue Weltwirtschaftsordnung ? In: *Matthies* (Hrsg.): Kreuzzug ... (Anm. 9), S. 143-157, dort S. 150-153 und *Franz Nuscheler*: Entwicklungspolitische Bilanz der 80er Jahre - Perspektiven für die 90er Jahre. In: *Dieter Nohlen / Franz Nuscheler* (Hrsg.): Handbuch der Dritten Welt Band 1: Grundprobleme, Theorien, Strategien. Bonn 1993, S. 156-178.

[20] Vgl. *Andersen / Langmann* (Anm. 19), S. 153 und *D.R. Goyal*: NAM: Help To Advanced Nations Only. In: World Focus Vol. 10, Nr. 10 (Oct.) 1989, S. 11-12 und 16.

[21] Vgl. *Franz Nuscheler*: Hilfe für den Osten auf Kosten der Dritten Welt ? Berechtigte Befürchtungen. In: der überblick 4/89, S. 70-72.

[22] Vgl. *Dippe / Herzog*: Die Auswirkungen ... (Anm. 12), S. 26-33.

diese drei Jahre später in Assoziationsabkommen umwandelte.[23] Die im Lomé-IV-Abkommen von Ende 1989 festgeschriebenen handelspolitischen Zugeständnisse und Finanzhilfen an 69 Entwicklungsländer aus Afrika, der Karibik und dem Pazifischen Raum (den sogenannten AKP-Staaten) nahmen sich dagegen geradezu verschwindend gering aus.[24]

Die zunehmende West-Ost-Kooperation und die mit dem Zusammenbruch des kommunistischen Systems immer häufiger vertretene These, wonach die Dritte Welt selbst für ihre wirtschaftliche und soziale Rückständigkeit verantwortlich sei[25] und nur eine Kombination aus Marktwirtschaft, Mehrparteiensystem und freien Wahlen, kurz, ein „befreiender Aufbruch, ähnlich dem Osteuropas"[26] die Probleme des Südens lösen könne, ließen darüber hinaus den Nord-Süd-Dialog weiter stagnieren. Zwar kam es in einigen Regionen zu Kooperationsansätzen zwischen Industriestaaten und Entwicklungsländern (so beispielsweise zwischen Japan und der ASEAN-Gruppe oder zwischen den USA und ihren lateinamerikanischen Nachbarstaaten), doch dienten diese Bemühungen in erster Linie der Sicherung des jeweiligen „Hinterhofs". Eine Verbesserung der weltwirtschaftlichen Bedingungen des Südens brachten diese regionalen Zusammenschlüsse somit kaum, zumal sie außer mit einer Liberalisierung nach innen meist auch mit verstärktem Protektionismus nach außen verbunden waren und gerade die ärmsten Länder, die nicht in der Einflußzone einer großen Wirtschaftsmacht lagen, ausschlossen.[27] Ein umfassenderer Dialog zwischen Nord und Süd kam dadurch ebenfalls nicht in Gang. Die Weigerung der führenden Industriestaaten (G-7-Staaten), auf die von einigen Blockfreien 1989 gestartete Gesprächsinitiative einzugehen oder der Verlauf der 1986 begonnenen Uruguay-Verhandlungsrunde des GATT, bei der die Dritte-Welt-Staaten „zu Statisten

---

[23] Vgl. *Rudolf Hrbek*: Europäische Gemeinschaft. In: *Woyke* (Hrsg.): Handwörterbuch ... (Anm. 5), S. 93-102, dort S. 100.

[24] Vgl. *Rainer Falk*: Schlechte Zeiten oder neue Chancen ? Der Umbruch in Europa und die Dritte Welt. In: Internationale Politik 41. Jg. (1990) Heft 961, S. 24-29, dort S. 25f und *Peter Lynn Sinai*: Europe and the Third World. In: World Focus Vol. 13, Nr. 9-10 (Sept.-Oct.) 1992, S. 34-36.

[25] Von den Industriestaaten wiederholt vorgebracht wurde dieses Argument während einer Sondertagung der Generalversammlung der VN über internationale Wirtschaftszusammenarbeit im April 1990; vgl. *Russel Lawrence Barsh*: A Special Session of the UN General Assembly rethinks the Economic Rights and Duties of States. In: American Journal of International Law Vol. 85/1991, S. 192-200, dort S. 194-196.

[26] Frankfurter Allgemeine Zeitung vom 2. April 1990.

[27] Vgl. *Dippe / Herzog*: Die Auswirkungen ... (Anm. 12), S. 36f.

degradiert"[28] wurden, während insbesondere die USA und die Europäische Gemeinschaft nach einer „Maximierung des eigenen Vorteils"[29] strebten, können hierfür als Beispiele dienen.

Wie schwach die Verhandlungsposition des Südens war, zeigte sich schließlich auch während der bereits erwähnten Sondertagung der Generalversammlung der VN mit dem vielversprechenden Titel 'International Economic Cooperation, in Particular the Revitalization of Economic Growth and Development of the Developing Countries' (April 1990), bei der der jugoslawische Außenminister *Loncar* im Namen der Blockfreien die früheren Forderungen nach einer Neuen Weltwirtschaftsordnung für unrealistisch erklärte und sich die Entwicklungsländer weder in der Schuldenfrage noch bezüglich einer strukturellen Reform und Demokratisierung der internationalen Finanz- und Handelsorganisationen gegenüber den USA und Europa durchsetzen konnten.[30]

Ganz anders als von den Blockfreien erhofft, entwickelte sich drittens die Struktur der internationalen Ordnung. Hatten sie nach dem Ende des Ost-West-Konflikts noch geglaubt, dem bipolaren Nachkriegssystem würde eine multipolare, auf den Prinzipien der souveränen Staatengleichheit beruhende und „plurality of political/social/economic system"[31] ermöglichende Ordnung folgen, so mußten sie schon bald erkennen, daß die von US-Präsident *Bush* propagierte Neue Weltordnung nicht im geringsten diesen Vorstellungen entsprach. Zwar führte auch *Bush* immer wieder „Frieden und Sicherheit, Freiheit, und Gesetzlichkeit"[32] als oberste Ziele dieser Neuen Weltordnung an, tatsächlich jedoch kamen in seinem Konzept weder das Souveränitätsprinzip noch die Dritte Welt vor. Wie der US-Präsident im April 1991 selbst bestätigte, bot der Zerfall der Sowjetunion den Vereinigten Staaten vielmehr die langersehnte Chance, eine alleinige Führungsrolle in der Welt zu übernehmen: „For the foreseeable future, no other nation or group of nations will step forward to assume leadership. And as the twentieth century gives way to the

[28] *Thomas Oppermann / Marc Beise*: GATT-Welthandelsrunde und kein Ende ? In: Europa-Archiv 1/1993, S. 1-11, dort S. 8
[29] Ebd., S. 1.
[30] Vgl. *Barsh*: A Special Session ... (Anm. 25) und *K.P. Saksena*: Reforming the United Nations. The Challenge of Relevance. Neu-Delhi, London, Newbury Park 1993, S. 157-162.
[31] *M.S. Rajan*: The Emerging New World Order. In: World Focus Vol. 13, Nr. 11-12 (Nov.-Dec.) 1992, S. 3-6, dort S. 5.
[32] Zitiert nach *Jochen Hippler*: Pax Americana ? Neue Weltordnung und Dritte Welt. In: *Matthies* (Hrsg.): Kreuzzug ... (Anm. 9), S. 25-40, dort S. 26.

twenty-first ... what country's name will it bear ? I say it will be another American centu-ry."[33] Auch der amerikanische Autor *Krauthammer* vertrat diese Ansicht, schrieb er doch schon Ende 1990: „The immediate post-Cold War world is not multipolar. It is unipolar. The center of world power is the unchallenged superpower, the United States, attended by its Western allies."[34]

Der Zweite Golfkrieg[35] lieferte aus der Sicht der Blockfreien einen klaren Beweis für den Führungsanspruch der USA, entsandten diese doch schon wenige Tage nach dem Einmarsch *Saddam Husseins* in Kuwait Flugzeuge und Bodentruppen nach Saudi-Ara-bien. War diese Maßnahme noch eng mit den Vereinten Nationen abgestimmt, so führ-ten die frühzeitige Entscheidung der US-Regierung für eine militärische Lösung der Golfkrise und die damit verbundene einseitige Verdoppelung der Truppen, die nun auch Offensivkapazität besaßen, weltweit zu Protesten. Nachdem der Sicherheitsrat mit Re-solution 678 (vom 29. 11. 1990) vor allem auf Drängen der USA und Großbritanniens einen militärischen Einsatz gegen Irak legitimiert hatte[36], waren es trotz der Beteiligung von insgesamt 28 Staaten in erster Linie US-Truppen, die dieses Mandat ausführten. Die Tatsache, daß weder die Sowjetunion noch China als Ständige Mitglieder des Sicher-heitsrates Truppenkontingente stellten, verstärkte den Eindruck einer amerikanischen oder doch zumindest westlichen Intervention, zumal es nicht allein um die im Zusam-menhang mit der Neuen Weltordnung postulierten ideellen Werte der Menschheit ging, als vielmehr auch um wirtschaftliche Interessen und die Absicht, an Irak ein Exempel zu statuieren, das „alle Regionalstaaten über die Grenzen ihrer Handlungsfreiheit und die Folgen ihrer Überschreitung informierte."[37]

Viele Mitgliedstaaten der Bewegung bewerteten den Verlauf des Golfkrieges aber auch deshalb negativ, weil ihre Erwartungen bezüglich einer Wiederbelebung und Stär-kung der Vereinten Nationen in keinster Weise erfüllt wurden. Zwar schienen diese und insbesondere der Sicherheitsrat angesichts der prompten und einmütigen Verurteilung

---

[33] *George Bush*, zitiert nach *Saksena*: Reforming ... (Anm. 30), S. 179.
[34] *Krauthammer*: The Unipolar Moment ... (Anm. 11), S. 23.
[35] Vgl. *Gert Krell / Bernd W. Kubbig* (Hrsg.): Krieg und Frieden am Golf. Ursachen und Perspektiven. Frankfurt am Main 1991 und *Ursula Braun*: Kuwait-Krieg. In: *Woyke* (Hrsg.): Handwörterbuch ... (Anm. 5), S. 263-269.
[36] Zur rechtlichen Auslegung der SR-Resolution 678 vgl. *Christian Tomuschat*: Die Zukunft der Ver-einten Nationen. In: Europa-Archiv 2/1992, S. 42-50, dort S. 44 (mit weiterem Nachweis).
[37] *Czempiel*: Weltpolitik ... (Anm. 3), S. 91.

der irakischen Aggression für kurze Zeit tatsächlich „als zentrale politisch-diplomatische Schaltstelle der Konfliktlösung"[38], doch zeigte sich sehr bald, wie abhängig die VN in der Praxis von den USA und anderen westlichen Industriestaaten waren. Die „Selbstentmündigung" des Sicherheitsrates erschien insbesondere den arabischen Blockfreien als Indiz dafür, daß die VN nur als Instrument zur Legitimierung US-amerikanischer Interessenpolitik dienten - ein Urteil, dessen Bestätigung sie in der Passivität der Weltorganisation in der Frage der von Israel besetzten Gebiete fanden. Besorgt reagierten zahlreiche blockfreie Staaten darüber hinaus auf die ihrer Meinung nach nicht zulässige Einmischung des Sicherheitsrates in die innerstaatlichen Angelegenheiten des Irak. Vor allem die SR-Resolution 688 (vom 5. 4. 1991), in der der Sicherheitsrat die Unterdrückung der irakischen Zivilbevölkerung und insbesondere der Kurden verurteilte und unter Berufung auf Kapitel VII der Charta der VN eine 'humanitäre Intervention' androhte sowie die von den USA, Großbritannien und Frankreich eingerichteten Flugverbotszonen über großen Teilen des Irak widersprachen ihrer Ansicht nach den mehrfach in der Charta aufgeführten Prinzipien der Souveränität, der territorialen Integrität und der politischen Unabhängigkeit aller Mitgliedstaaten der Vereinten Nationen.[39] Kuba, Jemen, Zimbabwe und Indien hatten dann auch gegen die Resolution gestimmt bzw. sich enthalten, während die übrigen blockfreien Staaten im Sicherheitsrat (Ecuador, Elfenbeinküste und Zaire) ein Eingreifen der Vereinten Nationen befürworteten.

Die Erfahrungen aus dem Golfkrieg trugen auch dazu bei, daß die Peacekeeping-Einsätze der VN insgesamt immer skeptischer betrachtet wurden. War die seit dem Ende des Ost-West-Konflikts deutlich steigende Anzahl von friedenserhaltenden Operationen zunächst noch begrüßt und deren Erfolge anerkannt worden, so hielten viele Staaten des Südens es für äußerst problematisch, wie die in Kapitel VII der Charta der VN enthaltenen Bestimmungen im Fall des Golfkriegs interpretiert bzw. mißachtet wurden. Diese Bestimmungen dienten ihrer Ansicht nach einzig und allein der Wiederherstellung des 'status quo ante', sie erlaubten jedoch nicht „to impose or enforce political settlement, nor to undertake retaliatory or punitive measures."[40] Viele blockfreie Staaten sahen in

---

[38] *Hippler*: Pax ... (Anm. 32), S. 31.
[39] Vgl. *K.R. Panikkar*: Has the Non-Alignment Movement become irrelevant ? In: Third World Resurgence Nr. 26/1992, S. 23f und *Werner Ruf*: Die neue Welt-UN-Ordnung. Münster 1994, S. 108-117.
[40] *Saksena*: Reforming ... (Anm. 30), S. 191.

der Tatsache, daß vor allem die USA und Westeuropa 'humanitäre Interventionen' bzw. „ein neues Modell der Friedenstruppen ..., für das eine sehr viel stärkere Einwirkung auf die innerstaatlichen Verhältnisse kennzeichnend ist"[41] befürworteten und über eine Ausdehnung des Peacekeeping-Konzeptes (beispielsweise auf die Bekämpfung des internationalen Terrorismus' oder des Drogenhandels) nachdachten, nicht nur eine allmähliche Aufweichung des Souveränitätsprinzips, sondern auch die Gefahr, „that US national interests will be confused with justice, truth and international order."[42]

Kritik äußerten Vertreter des Südens darüber hinaus an der Einseitigkeit der Aktivitäten der Vereinten Nationen, die eine immer bedeutendere Rolle in Sicherheitsfragen zugewiesen bekamen, wirtschaftliche und soziale Themen dagegen vernachlässigten. Während die Staaten des Nordens erkannt hätten, daß die VN im Bereich der Konfliktlösung unverzichtbar seien, schienen sie entschlossen, „to reduce the United Nations to a nonfactor in matters which are of vital interest to the vast majority of nations. There is little recognition of the reality that global problems, whether they relate to peace or security, the environment or development, debt and poverty or human rights, are intertwined."[43]

Die zunehmende Konzentration auf den Bereich der Friedenssicherung und damit auf die Effektivität des Weltsicherheitsrates spiegelte sich auch in der seit dem Ende des Ost-West-Konflikts sehr intensiv geführten Reformdebatte wider. Im Mittelpunkt der Reformüberlegungen standen nicht die von den Dritte-Welt-Staaten geforderte Demokratisierung der Vereinten Nationen, eine Stärkung der Generalversammlung oder eine bessere finanzielle Ausstattung der operativen Tätigkeiten der VN, sondern in erster Linie die Funktionsweise des Sicherheitsrates.[44] Und auch diese Diskussion über eine Erweiterung des Sicherheitsrates, die eventuelle Aufnahme zusätzlicher Ständiger Mitglieder und eine Überprüfung des Vetorechts, die auf der 46. Ordentlichen Tagung der Generalversammlung von der Blockfreien-Bewegung selbst initiiert worden war, entsprach nicht den Erwartungen der Staaten des Südens. Schien zu Beginn der Debatte noch ein Konsens darüber zu bestehen, daß angesichts der drastisch angestiegenen Mitgliederzahl der

---

[41] *Tomuschat*: Die Zukunft ... (Anm. 36), S. 46.
[42] *K.P. Saksena*: Peace-keeping at Crossroads. In: World Focus Vol. 15, Nr.10 (Oct.) 1994, S. 3-7, dort S. 6.
[43] *Saksena*: Reforming ... (Anm. 30), S. 195.
[44] Vgl. *Klaus Dicke*: Effizienz und Effektivität internationaler Organisationen. Berlin 1994, S. 301-304 und *Saksena*: Reforming ... (Anm. 30), S. 194-204.

VN und der wachsenden politischen Bedeutung einiger Regionalmächte auch afrikanische, lateinamerikanische und asiatische Staaten der Dritten Welt einen ständigen Sitz im Sicherheitsrat einnehmen sollten, so rückten (insbesondere im Verlauf des Golfkriegs) wirtschaftliche Kriterien immer mehr in den Vordergrund. Als potentielle Anwärter galten demzufolge vor allem Deutschland und Japan, während von den von *Boutros-Ghali* vorgeschlagenen Regionalmächten Indien, Brasilien und Nigeria oder von anderen Staaten des Südens kaum mehr die Rede war.[45] Die Mehrzahl der Dritte-Welt-Staaten befürwortete zwar eine ständige Mitgliedschaft Japans und Deutschlands, da sie sich davon eine Schwächung der USA erhoffte, insgesamt jedoch stellte die von den westlichen Industriestaaten dominierte Reformdebatte aus der Sicht des Südens nichts anderes dar, als „a move to make the Council a replica of the G-7, an elite gathering of military and economically dominant nations."[46]

Daß der Norden kein Interesse an Representativität und Demokratisierung der VN hatte, zeigte sich auch in den anderen Bereichen, in denen Reformdiskussionen im Gange waren. Was beispielsweise die Koordinationsfunktion des ECOSOC betrifft, so wurde seit 1987/88 immer wieder der von der Mehrzahl der Blockfreien abgelehnte Vorschlag gemacht, eine zentrale Instanz in Form eines 'Wirtschaftssicherheitsrates' mit geringer Mitgliederzahl und Vetorecht für einige wirtschaftlich besonders starke Staaten zu schaffen. Aus der Sicht der Entwicklungsländer spiegelte sich hierin nicht das Interesse der Industriestaaten an einer Effizienzsteigerung, sondern in erster Linie ihr Streben nach größtmöglicher Kontrolle über die Tätigkeiten der VN im wirtschaftlichen und sozialen Bereich wider. Insgesamt, so *Saksena*, erschienen die Reformvorschläge der USA und anderer Industriestaaten weder glaubwürdig noch konsequent:

> „... the demand for reform and the subsequent pressure applied, was directed, not at revitalising the UN functioning in the economic and social sectors, but at drastically limiting its role to areas of activity whitch are of interest to the major contributors of the UN budget such as drug control, the environment, population control, human rights (civil and political only) and refugees. As regards international cooperation in areas of vital interest to the developing countries such as science, technology for development, trade, money and fiscal matters, the powers that be in the existing international system, would like to see that the developing countries are obliged to opt for

---

[45] Vgl. *Rajaram Panda*: Japan, Germany and the UN Security Council. In: India Quarterly 48/1992, S. 51-70.
[46] Ebd., S. 64.

private enterprise and a free market economy and internal reforms to facilitate foreign investment."[47]

Gerade was die von den Industriestaaten angemahnten „internal reforms" angeht, zeichnete sich aus der Sicht der Blockfreien eine weitere negative Entwicklung in den internationalen Beziehungen ab. So knüpften die von den reichen Staaten des Nordens dominierten internationalen Wirtschafts- und Finanzinstitutionen die Vergabe von Krediten oder Entwicklungshilfe nicht mehr nur an wirtschaftliche, sondern zunehmend auch an politische Bedingungen. Im Zentrum dieser auf die makro- und sektorpolitisch orientierten Strukturanpassungsprogramme von IWF und Weltbank folgenden „politischen Konditionierung" der Entwicklungshilfe vonseiten der Geberländer und -organisationen[48] standen die Achtung der Menschenrechte, die Beteiligung der Bevölkerung an politischen Entscheidungen, Pluralismus und Rechtsstaatlichkeit.[49] Aus der Sicht der Blockfreien und anderer Dritte-Welt-Staaten stellte dieses Konzept jedoch nicht nur einen massiven Angriff auf die Souveränität der Staaten dar, es brachte auch die Menschenrechtskonzeption der westlichen Industriestaaten zum Ausdruck, denen es vor allem darum ginge, „das Mehrparteiensystem der parlamentarischen Demokratie und die Eigeninitiative als vorherrschende und allgemeingültige Modelle für alle Länder durchzusetzen."[50]

Die Diskussion um die politische Konditionierung von Entwicklungshilfe offenbarte darüber hinaus erneut, daß in der Frage nach dem Zusammenhang zwischen wirtschaftlicher und sozialer Entwicklung und Demokratie und Menschenrechten sehr unterschiedliche Auffassungen bestanden. Während viele blockfreie und andere Staaten des Südens wirtschaftliche Entwicklung als Voraussetzung für die Gewährung politischer Freiheiten und die Achtung der Menschenrechte sahen und deshalb auch für ein „Recht auf Entwicklung" plädierten, vertraten die Staaten des Nordens den Standpunkt, daß die

---

[47] *Saksena*: Reforming ... (Anm. 30), S. 141f.
[48] So beispielsweise der Bundesrepublik bzw. des BMZ (seit Oktober 1991) und des UN Development Program (Entwicklung eines „Human Freedom Index", 1991); vgl. *Klaus Dicke*: Menschenrechte. In: *Woyke* (Hrsg.): Handwörterbuch ... (Anm. 5), S. 269-276, dort S. 275.
[49] Vgl. *Rainer Tetzlaff*: Strukturanpassung - das kontroverse entwicklungspolitische Paradigma in den Nord-Süd-Beziehungen. In: *Nohlen / Nuscheler* (Hrsg.): Handbuch ... (Anm. 19), S. 420-445, dort S. 433-438.
[50] *Zivojin Jazic*: Rolle der UNO-Menschenrechtskommission. In: Internationale Politik 41. Jg. (1990) Heft 960, S. 19-22, dort S. 20.

Entwicklung der Wirtschaft die der Gesellschaft voraussetze, politische und zivile Menschenrechte deshalb im Vordergrund stehen müßten.[51]

Alles in allem bot sich den Blockfreien zwischen 1989 und 1992 „a picture of increasing frustration"[52], denn die auf der Gipfelkonferenz von Belgrad noch so euphorisch begrüßte Entspannung zwischen den Blöcken und der Wandel des internationalen Systems hatten der Bewegung keinerlei Vorteile gebracht. Angesichts der nicht mehr vorhandenen Systemkonkurrenz zwischen Ost und West waren die Blockfreien vielmehr, vor allem im Bereich der Wirtschaft, in Einfluß- und Bedeutungslosigkeit versunken. Die Gruppe der Industriestaaten dagegen konnte, so die Meinung der Blockfreien, ihre Interessen noch ungestörter als bisher verfolgen, „confident that the new configuration of power patterns will give it a free hand to do as it wills in its own interests with less pressures and constraints from the non-aligned world."[53]

2. Der Zerfall der Sowjetunion

Obwohl der Zerfall der Sowjetunion, der im Zusammenhang mit der Neuen Weltordnung bzw. der Dominanz der USA als einzig verbleibender Supermacht schon mehrfach erwähnt wurde, alle Staaten der Welt betraf, hatte er für die Blockfreien-Bewegung doch ganz besonders weitreichende Konsequenzen.

Zum einen führte die Auflösung des bipolaren internationalen Systems zu einer schweren Identitätskrise der Blockfreien, die sich trotz fortwährender Betonung ihrer langfristigen, das heißt über die Beseitigung des Ost-West-Konflikts hinausgehenden Ziele[54], in Wirklichkeit hauptsächlich über die Existenz zweier antagonistischer Blöcke definiert hatten.[55]

---

[51] Vgl. *Franz Nuscheler*: Menschenrechte und Entwicklung - Recht auf Entwicklung. In: *Nohlen / Nuscheler* (Hrsg.): Handbuch ... (Anm. 19), S. 269-286.

[52] *C.G. Weeramantry*: Non-Aligned Movement: Some Issues for Consideration. In: Pakistan Horizon Vol. 42, Nr. 3-4 (Oct. 1989), S. 135-189, dort S. 142.

[53] Ebd.

[54] Die Ansicht, daß die Blockfreien-Bewegung mehr als nur „a child of bipolarity" sei, vertreten zum Beispiel *M. Saleem Kidwai*: Relevance of Non-Alignment. In: Review of International Affairs Vol. 43, Heft 1004, S. 21-22 und *Ranko Petcovic*: The Non-Aligned in Jakarta. In: Review of International Affairs Vol. 43, Heft 1007-8, S. 7-8 und 29.

[55] Vgl. *Daniel Colard*: La crise d'identité des pays non-alignés. In: Défense Nationale Avril 1993, S. 109-116.

Zum anderen sahen sich viele blockfreie, faktisch jedoch mit der Sowjetunion verbündete Staaten (wie beispielsweise Indien, Vietnam, Irak, Syrien, Äthiopien oder Kuba) nun vor die Aufgabe gestellt, neue außenpolitische Strategien zu entwickeln[56] und sich veränderten regionalen Machtstrukturen anzupassen. Diese Staaten hatten die Sowjetunion nicht nur als einen wichtigen Verbündeten in den Vereinten Nationen (insbesondere im Sicherheitsrat) und Garanten regionaler Ordnungen betrachtet, viele waren darüber hinaus auch wirtschaftlich und finanziell von ihr abhängig gewesen.

Sehr deutlich zeigte sich dies im Fall Indiens, das über Jahrzehnte hinweg in äußerst enger Beziehung zur UdSSR gestanden und neben einem militärischen Beistandspakt auch Entwicklungshilfe-, Devisen- und Handelsabkommen mit dieser geschlossen hatte. Die wirtschaftliche Krise und schließliche Auflösung der Sowjetunion bedeutete somit für Indien nicht nur einen Verlust an Sicherheit und außenpolitischer Autonomie, sie bereitete dem Land auch große finanzielle und wirtschaftliche Probleme. Da die Sowjetunion bzw. Rußland nun mit den Dritte-Welt-Staaten um Entwicklungshilfe aus dem Westen konkurrierten und dringend Käufer für ihre (vor allem militärischen) Produkte benötigten, kam es darüber hinaus zu einer Annäherung zwischen der ehemaligen östlichen Supermacht und Verbündeten des Westens. Indien bekam diesen Wandel vor allem im Hinblick auf Pakistan zu spüren, das neben Waffenlieferungen nun auch in einigen Fragen (etwa im Konflikt um Jammu und Kaschmir) politische Unterstützung vonseiten der Sowjetunion bzw. Rußlands erhielt.[57]

Schließlich ließ der Zerfall der Sowjetunion Indien und zahlreiche andere (insbesondere afrikanische) blockfreie Staaten befürchten, daß das Schicksal dieses Vielvölkerstaates auch sie treffen, nationale, ethnische oder religiös bedingte Konflikte auch bei ihnen aufbrechen könnten. Wie berechtigt diese Angst war, sollte schon kurze Zeit später der Krieg in Jugoslawien zeigen.

---

[56] Für Indien vgl. *Ramesh Thakur*: India after Nonalignment. In: Foreign Affairs 71 Nr. 2 (Spring 1992), S. 165-182. Dagegen: *M.S. Rajan*: India's Foreign Policy: The Continuing Relevance of Nonalignment. In: International Studies 30, 2 (1993), S. 141-150.

[57] Vgl. *Christiane Hurtig*: L'Inde et le néant: non-alignée, mais avec qui ? In: Défense Nationale. Avril 1992, S. 57-66.

3. Der Krieg in Jugoslawien

Die bewaffneten Auseinandersetzungen in Jugoslawien, die im März 1991 in Slowenien und Kroatien begannen und sich Anfang 1992 auf Bosnien-Herzegowina verlagerten[58], dürften eine der Hauptursachen für die Krise der Blockfreien-Bewegung in den drei Jahren nach der Gipfelkonferenz von Belgrad gewesen sein.

Anders als in der Frage des Golfkonflikts[59] stimmten die im Sicherheitsrat der VN vertretenen blockfreien Staaten dieses Mal zwar geschlossen für eine auf Kapitel VII der Charta basierende Resolution[60], dennoch führte der Jugoslawien-Konflikt zu einer tiefen Spaltung der Bewegung. Während eine Gruppe vor allem islamischer Staaten eindeutig Serbien für den Völkermord in Bosnien und den Krieg im allgemeinen verantwortlich machte und Maßnahmen der VN gegen Rest-Jugoslawien unterstützte, rechtfertigten andere Mitgliedstaaten der Bewegung (insbesondere aus Schwarzafrika) die Politik der von Serbien und Montenegro gebildeten Bundesrepublik Jugoslawien mit dem aus ihrer Sicht legitimen Streben nach territorialer Integrität.[61]

Der Krieg in Jugoslawien, genauer gesagt das Verhalten der militärisch und wirtschaftlich mächtigen Staaten, die einer humanitären Intervention zum Schutz der Kurden in Irak sofort zugestimmt hatten, angesichts des Völkermordes an den bosnischen Moslems jedoch lange Zeit untätig blieben, schien vielen Mitgliedstaaten der Bewegung darüber hinaus ein Beweis für die Dominanz der christlich-abendländischen Zivilisation im internationalen System bzw. für die doppelten Standards des Westens.[62]

Der Zerfall der bis 1980 vor allem von der Person *Titos* zusammengehaltenen Sozialistischen Föderativen Republik Jugoslawien hatte für die Blockfreien aber noch unmittelbarere Folgen. So gehörte Jugoslawien, das vielen Mitgliedstaaten der Bewegung als Vorbild für das friedliche Zusammenleben verschiedener Völker und Religionen gegolten hatte, nicht nur zu den Gründerstaaten der Bewegung, es stellte aufgrund seiner

---

[58] Vgl. *Waldemar Hummer*: Balkankonflikt. In: *Woyke* (Hrsg.): Handwörterbuch ... (Anm. 5), S. 22-38.
[59] SR-Resolution 688, vgl. oben, Seite 62ff.
[60] SR-Resolution 713 vom 25. 9. 1991, mit der ein vollständiges Waffenembargo über Jugoslawien verhängt wurde.
[61] Vgl. *Sally Morphet*: The Non-Aligned in 'The New World Order': The Jakarta Summit, September 1992. In: International Relations 4, 1993, S. 359-380, dort S. 361-363.
[62] Vgl. die Rede des malaysischen Premierministers *Mahathir Mohamad* auf der zehnten Gipfelkonferenz der Blockfreien in Jakarta, unten, Seite 77f.

geographischen Lage auch eine wichtige Verbindung zu den europäischen Industriestaaten dar.

Am schwerwiegendsten dürfte jedoch gewesen sein, daß Jugoslawien zwischen 1989 und 1992 den Vorsitz der Bewegung innehatte, ein Amt, dem angesichts der lockeren Organisationsstruktur der Blockfreien-Bewegung eine besondere Bedeutung zukommt, dem die Vertreter Jugoslawiens bzw. Rest-Jugoslawiens jedoch schon ab Herbst 1990 nicht mehr gerecht wurden. Da es, wie selbst der jugoslawische Autor *Petcovic* zugab, seinem Land nicht gelang, „to provide an active and imaginative lead to the Movement at a very difficult time"[63], konnten die Blockfreien auf internationaler Ebene kaum Aktivitäten entfalten.

4. Die Aktivitäten der Blockfreien-Bewegung zwischen Belgrad und Jakarta

Ein kurzer Überblick über die wichtigsten Konferenzen der Bewegung und ihre Aktivitäten im Rahmen der Vereinten Nationen (vgl. Tabelle 2) macht deutlich, wie sehr sich die Schwäche Jugoslawiens auf die Blockfreien insgesamt übertrug. Selbst bevor sich die innenpolitische Lage Jugoslawiens im Herbst 1990 zuspitzte, gelang es der jugoslawischen Regierung nicht, den Blockfreien auf internationaler Ebene ein klares Profil zu geben, ihre Interessen, insbesondere auf wirtschaftlichem Gebiet, energisch zu vertreten und die Entwicklung der internationalen Beziehungen kritisch zu verfolgen.

Daß Jugoslawien in erster Linie an einem guten Verhältnis zum Westen und insbesondere zu Europa gelegen war und es sich deshalb stark den Positionen der Industriestaaten annäherte, zeigte sich beispielsweise in der Rede Präsident *Drnovseks* während der 44. Generalversammlung der Vereinten Nationen[64], in der wiederholt die Kooperationsbereitschaft der Blockfreien, ihre Mitverantwortung bei der Lösung globaler Probleme betont und Zuversicht bezüglich eines „new global development consensus"[65] geäußert wurden.

---

[63] *Petcovic*: The Non-Aligned in Jakarta ... (Anm. 54), S. 8.
[64] Vgl. UN Doc. A/44/PV.5, S. 42-60.
[65] Ebd. S. 49-50.

Auf der im April 1990 abgehaltenen Sondertagung der Generalversammlung über internationale Wirtschaftszusammenarbeit[66] traten die Blockfreien dann auch kaum in Erscheinung, zumal die Vorbereitung der Konferenz von der 'Gruppe der 77' geleistet worden war und eine Koordinierung zwischen dieser und den Blockfreien nicht stattgefunden hatte.

Tabelle 2

Konferenzen der Blockfreien-Bewegung und Aktivitäten im Rahmen der Vereinten Nationen zwischen den Gipfelkonferenzen von Belgrad und Jakarta

	Konferenzen der Blockfreien-Bewegung	Aktivitäten im Rahmen der VN
1989	Außenministerkonferenz (Koordinationsbüro), New York / Oktober	44. VN-Generalversammlung, New York / September - Oktober
		Sondertagung der VN-Generalversammlung über Apartheid, New York / Dezember
1990		Sondertagung der VN-Generalversammlung über int. Wirtschaftszusammenarbeit, New York / April
	Erstes Gipfeltreffen der 'Gruppe der 15', Kuala Lumpur / Juni	
		VN-Konferenz über die Lage der am wenigsten entwickelten Länder, Paris / September
	Außenministerkonferenz (Koordinationsbüro), New York / Oktober	45. VN-Generalversammlung, New York / September - Oktober
	Konferenz der Arbeitsmin. über Arbeitsmarkt und Verschuldung, Tunis / November	
1991	Außenministerkonferenz von 15 Staaten zur Lage am Golf, Belgrad / Februar	
	Zehnte Außenministerkonferenz, Accra / September	46. VN-Generalversammlung, New York / September - Oktober
1992	Konferenz des Methodologie-Komitees, Larnaka / Februar	
	Außenministerkonferenz (Koordinationsbüro) Bali / Mai	
		VN-Konferenz über Umwelt und Entwicklung, Rio de Janeiro / Juni

---

[66] Vgl. *Barsh*: A Special Session ... (Anm. 25) und Europa-Archiv 10/1990, S. Z 101f.

Auch auf der 45. Generalversammlung der VN ließ der für die Bewegung sprechende jugoslawische Vertreter *Silovic* wenig Entschlossenheit oder Selbstvertrauen in seiner Rede erkennen. Die für die Staaten des Südens äußerst unbefriedigenden Ergebnisse der Konferenz über die Lage der am wenigsten entwickelten Länder in Paris beispielsweise bezeichnete er als „the realistic, balanced solution that was possible in the circumstances."[67]

Ganz im Sinne der Industriestaaten äußerte er darüber hinaus, „that all countries have comprehended that they must, and are ready to, assume full responsibility for their own development and well-being."[68]

Daß Jugoslawien mit anderen Problemen als denen der Blockfreien beschäftigt war, zeigte sich schließlich auch daran, daß der jugoslawische Präsident *Jovic* einen Großteil seiner in New York gehaltenen Rede der innenpolitischen Situation in seinem Land bzw. der „unrealizable intention of Albanian separatists ... to establish a State of their own and to secede"[69] widmete.

Zu umfangreicheren Aktivitäten vonseiten des Vorsitzenden der Bewegung kam es nur im Zusammenhang mit dem Golfkrieg. Vor allem Außenminister *Loncar* ergriff zwischen Dezember 1990 und Februar 1991 zahlreiche Initiativen für eine friedliche Beilegung des Konflikts. Die Weigerung sowohl des Irak als auch Kuwaits, sich überhaupt auf Gespräche mit den Blockfreien einzulassen oder an dem in Belgrad stattfindenden Außenministertreffen teilzunehmen, offenbarten jedoch, welch geringen Stellenwert selbst Mitgliedstaaten der Bewegung einräumten. Hinzu kommt, daß es Jugoslawien auf dem eben erwähnten Treffen nicht gelang, die in dem Konflikt auf unterschiedlichen Seiten stehenden blockfreien Staaten zur Verabschiedung eines gemeinsamen Friedensplans zu bewegen.[70]

Insgesamt betrachtet waren es bis Mitte 1992 vor allem die nicht von Jugoslawien geleiteten Blockfreien-Konferenzen, die zu konkreten Ergebnissen führten oder die Aufmerksamkeit des Westens bzw. der Industriestaaten auf sich zogen. Das Gipfeltreffen der

---

[67] Vgl. UN Doc. A/45/PV.40, S. 52.
[68] Ebd., S. 52f.
[69] Vgl. UN Doc. A/45/PV.13, S. 26.
[70] Vgl. *D.R. Goyal*: Gulf War: NAM's Poor Response. In: World Focus Vol. 12, 8 (August 1991), S. 21-25 und Meldungen der Nachrichtenagenturen Associated Press und Reuters vom 29. und 30. Dezember 1990, 1. Januar 1991, 10., 12. und 25. Februar 1991.

in Malaysia tagenden 'Gruppe der 15'[71], auf dem ein sehr pragmatischer Kurs verfolgt und zwölf Süd-Süd-Projekte beschlossen wurden, kann hierfür ebenso als Beispiel gelten wie die Außenministerkonferenz der Blockfreien in der ghanaischen Hauptstadt Accra[72], in deren Verlauf das Konzept der Neuen Weltordnung und die damit verbundene zunehmende Dominanz der USA und anderer westlicher Industriestaaten erstmals scharf kritisiert wurden. Auf Drängen Indonesiens, das als Gastgeberland für die Gipfelkonferenz 1992 bestimmt worden war, einigten sich die Blockfreien in Accra auch darauf, der Lösung des Nord-Süd-Konflikts und einer den Interessen der blockfreien und anderer Dritte-Welt-Staaten gerecht werdenden Reform der Vereinten Nationen in Zukunft oberste Priorität einzuräumen.

Auf dieser zehnten Außenministerkonferenz in Accra erreichte die Blockfreien-Bewegung allerdings zugleich den Tiefstpunkt in ihrer Geschichte, denn während Vertreter Libyens und Ägyptens[73] für eine Umbenennung der Bewegung bzw. ein Zusammengehen mit der 'Gruppe der 77' plädierten, vertraten Argentinien und andere lateinamerikanische Staaten die Ansicht, „die Blockfreien-Bewegung sei überflüssig geworden, es sei besser, sich der neuen Weltordnung anzupassen und Lehren aus dem Zusammenbruch des Kommunismus und seines Wirtschaftssystems zu ziehen."[74]

Doch obwohl Argentinien noch im September 1991 tatsächlich seinen Austritt aus der Bewegung bekannt gab, zeichnete sich mit der faktischen Übernahme des Vorsitzes durch Indonesien im Laufe des Jahres 1992 allmählich ein Ende der Krise ab.

Schon auf der Außenministerkonferenz des Koordinationsbüros in Nusa Dua (Bali) herrschte ein sehr viel schärferer Ton gegenüber den westlichen Industriestaaten[75], wurden deren „negative economic policies and practices ..., obstructing economic development in the developing countries at a time when economic reforms and adjustments are

---

[71] Die auf diesem Gipfeltreffen verabschiedeten Dokumente der 'Gruppe der 15' finden sich in: Nord-Süd-aktuell 1. Quartal 1991, S. 118-124; vgl. auch *Srdjan Kerim*: Gipfeltreffen der Gruppe 15. In: Internationale Politik 41. Jg. (1990) Heft 965, S. 7-10.

[72] Vgl. *Odette Jankowitsch / Karl P. Sauvant* (Hrsg.): The Third World without Superpowers: The Collected Documents of the Non-Aligned Countries. Dobbs Ferry, New York 1978ff, Volume XII, S. 1047-1112.

[73] Ägypten soll hierbei unter massivem diplomatischem Druck vonseiten der USA gestanden haben; vgl. *G.H. Jansen*: The Non-Aligned Movement still has a role. In: Third World Resurgence Nr. 26/1992, S. 25.

[74] Frankfurter Rundschau vom 10. September 1991.

[75] Vgl. *G.H. Jansen*: Neue Stärke. In: epd-Entwicklungspolitik 15/16/1992, S. 19-20 und Frankfurter Rundschau vom 15. Mai 1992.

pursued"[76] offen kritisiert. Auch in der Frage der Menschenrechte gingen die Blockfreien auf Konfrontationskurs gegenüber dem Westen. So heißt es in Absatz 26 des auf Bali verabschiedeten Dokuments:

> „The Ministers ... noted the persistent side-tracking of economic, social and cultural aspects of human rights by some members of the international community, while invoking civil and political aspects of human rights as a conditionality for extending economic and social development assistance. ... Underlining the view that human rights expression and implementation at the national level is the responsibility of respective Governments, the Ministers stressed that efforts to promote human rights and fundamental freedoms could only succeed through international cooperation ... and not through confrontation or imposition of incompatible values."[77]

Auf Bali wurde darüber hinaus immer wieder auf die Notwendigkeit hingewiesen, „to forge stronger unity and solidarity among the member states and to underline their determination to play an effective and substantive role in shaping the course of international relations."[78]

Daß Indonesien den Vorsitz der Bewegung nicht nur dynamischer und selbstbewußter, sondern auch professioneller führte als Jugoslawien, zeigte sich schließlich daran, daß während des Treffens in Nusa Dua erstmals ausführlich auf die Reformdebatte in den Vereinten Nationen eingegangen und ein geschlossenes Auftreten der Blockfreien bei den zwischen Juni 1992 und März 1995 stattfindenden Konferenzen der VN über Umwelt, Menschenrechte, Bevölkerung und Soziale Entwicklung angemahnt wurde.

Im Rahmen der Vorbereitungen für die zehnte Gipfelkonferenz der Blockfreien in Jakarta erteilte Indonesien darüber hinaus unmittelbar nach der Ministerkonferenz von Bali dem 'South Centre' den Auftrag, „to assist in identifying the current major economic challenges to the South and the approaches needed to meet these challenges."[79]

---

[76] Vgl. *Jankowitsch / Sauvant* (Hrsg.): The Third World ... (Anm. 72), S. 1114-1121, dort S. 1119.
[77] Ebd., S. 1121.
[78] Ebd., S. 1116.
[79] Vorwort zu dem daraufhin erstellten Bericht des *'South Centres'* mit dem Titel: Non-Alignment in the 1990s: Contributions to an Economic Agenda. Genf 1992.

Kapitel 5

Die zehnte Gipfelkonferenz der Blockfreien-Bewegung in Jakarta

(1. - 6. September 1992)

1. Der diplomatische Kontext der Konferenz

Im Gegensatz zur Gipfelkonferenz von Belgrad, auf der die Blockfreien angesichts der weltpolitischen Entspannung noch die Aufmerksamkeit der beiden Supermächte sowie der Europäischen Gemeinschaft hatten auf sich ziehen können, wurde das Treffen in Jakarta von den westlichen Industriestaaten kaum wahrgenommen. Zwar waren seit 1989 noch zwei weitere westliche Staaten (Deutschland und die Niederlande) als Gäste der Bewegung eingeladen worden, insgesamt jedoch schien sich in Jakarta die Tatsache zu rächen, daß die Blockfreien während des Vorsitzes Jugoslawiens in erster Linie mit ihrer Identitätsfindung und anderen internen Problemen beschäftigt gewesen und auf internationaler Ebene nur äußerst selten in Erscheinung getreten waren. Einzig der neugewählte Generalsekretär der VN *Boutros-Ghali* hielt in Jakarta eine Rede, in der er den Blockfreien eine auch nach der Annäherung Rußlands an den Westen wichtige Rolle in den internationalen Beziehungen bescheinigte, ihnen zugleich jedoch vorwarf, die großen weltwirtschaftlichen Probleme zu spät erkannt und sich zu lange mit überholten Problemen wie dem Ost-West-Konflikt beschäftigt zu haben.[1]

Was die Stimmung unter den Mitgliedstaaten der Bewegung anging, so sorgte der Jugoslawien-Konflikt auch in Jakarta für heftige Debatten. Auslöser dieser Debatten war in erster Linie ein im August, das heißt unmittelbar vor dem Gipfeltreffen gestellter Antrag der auf der Seite Bosniens stehenden islamischen Mitgliedstaaten, der den Ausschluß Rest-Jugoslawiens aus der Bewegung vorsah. Gegen diese vor allem von Malaysia, Pakistan, Ägypten, Iran, Saudi-Arabien und Senegal vorgebrachte Forderung sprachen sich jedoch nicht nur die meisten schwarzafrikanischen, sondern auch zahlreiche lateinamerikanische Staaten und Indonesien aus. Nach langwierigen Diskussionen (die aus der Sicht vieler Staaten über wichtigere Themen hätten geführt werden können) einigten sich die

---

[1] Vgl. Meldungen der Nachrichtenagenturen Associated Press, Reuters und Agence France Presse vom 1. September 1992.

Blockfreien zwar auf eine Vertagung des Problems bis zur für den 15. September 1992 vorgesehenen Entscheidung innerhalb der VN, der Graben, der sich quer durch die Bewegung zog, sollte jedoch auch während der Gipfelkonferenz deutlich sichtbar bleiben.[2]

Der Golfkrieg trug darüber hinaus dazu bei, daß, obwohl weder der Irak noch seine „Verbündeten" Jemen, Iran oder die PLO Unterstützung für ihre Positionen fanden, auch innerhalb des Arabischen Lagers eine angespannte Atmosphäre herrschte.

Daß die Blockfreien auf ihrer zehnten Gipfelkonferenz nicht vollständig von diesen Konflikten gelähmt wurden, sondern am Ende auf sachliche und konstruktive Weise über die Probleme militärisch, politisch und wirtschaftlich schwacher Staaten sowie über verschiedene Lösungsstrategien diskutierten, war in erster Linie auf das diplomatische Geschick und das hohe Ansehen Indonesiens[3] zurückzuführen. Indonesien hatte nicht nur erfolgreich an den im Oktober 1991 abgeschlossenen Friedensverhandlungen über Kambodscha teilgenommen, es gehörte auch zu den wirtschaftlich entwickelteren, hohe Wachstumsraten verzeichnenden Staaten Südostasiens, was der Bewegung Selbstvertrauen und Zuversicht und der Gipfelkonferenz von Jakarta „a sense of solidity"[4] gab.

2. Die Diskussion

Hatte während der Gipfelkonferenz in Belgrad noch ein verbaler Schlagabtausch zwischen den Befürwortern einer Entideologisierung und 'Hardlinern' des sozialistischen Lagers stattgefunden, so verlief die Diskussion 1992 sehr viel weniger polemisch.

Die radikalen, anti-imperialistischen Stimmen schienen angesichts des Zerfalls des sozialistischen Blocks und der Sowjetunion zum Schweigen gebracht worden zu sein, was auch die Abwesenheit *Fidel Castros, Saddam Husseins, Muammar El Gaddafis* und zahlreicher anderer arabischer Staatschefs bewies. Dennoch erwies sich die in den Reden

[2] Vgl. *Sally Morphet*: The Non-Aligned in 'The New World Order': The Jakarta Summit, September 1992. In: International Relations 4/1993, S. 359-380, dort S. 361-363, Süddeutsche Zeitung vom 31. August 1992 und Meldungen der Nachrichtenagentur Agence France Presse vom 29., 30. und 31. August 1992.
[3] Dieses Ansehen rührte insbesondere von der 1955 in Bandung / Indonesien ausgetragenen Konferenz der afro-asiatischen Staaten her (vgl. oben, Seite 11f.), deren „Geist" in Jakarta auch wiederholt beschworen wurde.
[4] *Morphet*: The Non-Aligned ... (Anm. 2), S. 376.

geäußerte Kritik an den Industriestaaten und insbesondere den USA allenfalls in der Wortwahl als gemäßigt, inhaltlich gingen die Blockfreien dagegen in die Offensive.

Als in dieser Hinsicht sehr geschickt erwies sich der indonesische Staatspräsident *Suharto*, der in seiner Eröffnungsrede eine direkte Konfrontation mit dem Westen bzw. den Industriestaaten vermied, zugleich jedoch entschieden seine Position vertrat. Bezüglich der Neuen Weltordnung beispielsweise sagte er: „We must ... ensure that the new world order to which the leaders of the industrialized countries often refer does not turn out to be but a new version of the same old pattern of domination of the strong over the weak, and of the rich over the poor."[5] Auch in anderen Themenbereichen verband *Suharto* Attacken gegen die reichen bzw. mächtigen Staaten des Nordens mit Hinweisen auf die Eigenverantwortung der Blockfreien. So forderte er einerseits einen drastischen Abbau des Schuldenbergs und protektionistischer Maßnahmen vonseiten der Industriestaaten, eine tiefgreifende strukturelle Reform der VN und ein Ende der politischen Konditionierung von Krediten oder anderen Formen der Entwicklungshilfe, plädierte andererseits aber für eine verstärkte Süd-Süd-Kooperation zur Überwindung von Hunger und Unterentwicklung, für die Ausarbeitung eigener Reformvorschläge durch eine zu schaffende Arbeitsgruppe der Blockfreien sowie für Demokratie, ohne die seiner Ansicht nach weder Frieden noch wirtschaftliche Entwicklung möglich seien.[6]

Deutlich schärfer formulierte dagegen der Premierminister Malaysias *Mahathir Mohamad* seine Kritik am Westen. Bezug nehmend auf die Passivität der europäischen Staaten im Bosnien-Krieg und ihre Entschlossenheit im Falle der Kurden fragte er: „Is this the face of the new world order ? If it is, it is a frightening face because it is grotesquely distorted. While minor human rights infringements will attract retribution, blatant abuses on a massive scale go unpunished. What kind of world order is this ?"[7] Auch in Wirtschaftsfragen warf er den Industriestaaten die Mißachtung ihrer eigenen Prinzipien vor, denn Protektionismus und Subventionen im Norden brächten die Staaten der Dritten Welt jährlich um mögliche Exporteinnahmen von 500 Milliarden US-Dollar, zehn mal so

---

[5] *Suharto*, zitiert nach *K.P. Misra*: Nonaligned Movement Back on the Rails: A Study of the Jakarta Summit. In: International Studies 30, 1 (1993), S. 1-14, dort S. 4.

[6] Vgl. Meldungen der Nachrichtenagenturen Associated Press, Reuters und Agence France Presse vom 1. September 1992.

[7] *Mahathir Mohamad*, zitiert nach *Misra* (Anm. 5), S. 3f.

viel wie die Entwicklungshilfe der Industriestaaten. *Mahathir* und sein Außenminister *Badawi,* deren Ansichten in Jakarta von vielen Staaten geteilt wurden, warnten schließlich vor einer drohenden Konfrontation zwischen den reichen Staaten des Nordens und den Entwicklungsländern. Vor allem die Versuche der Industriestaaten, Entwicklungshilfe von der Menschenrechts- oder Umweltsituation in einem Staat abhängig zu machen, hielten sie für unannehmbar, da Standards des Westens sich nicht ohne weiteres auf andere Regionen mit anderen kulturellen und religiösen Werten übertragen ließen. Demokratie, so *Mahathir,* sei darüber hinaus nicht nur eine Frage nationaler, sondern auch internationaler Politik, die gegenwärtige Machtverteilung in den VN stelle in diesem Zusammenhang eine klare Mißachtung demokratischer Prinzipien in internationalen Angelegenheiten dar.[8]

Ein dritter Redner, der sich in Jakarta zu profilieren suchte, insgesamt jedoch kaum Unterstützung fand, war der iranische Staatspräsident *Rafsandschani,* der sehr daran interessiert war, Iran eine bedeutendere Stellung innerhalb der Bewegung zu verschaffen.[9] *Rafsandschani* griff in erster Linie die USA an, die mit ihren Verbündeten die Entwicklungsländer militärisch und wirtschaftlich beherrschen wollten und mit ihren „ständigen Interventionen" weltpolitische Krisen erst verursachten. Für den Krieg am Golf beispielsweise machte er allein die Einmischung der USA und ihrer Verbündeten in die Politik der Golfanrainerstaaten verantwortlich. Was die Reform der VN anging, so forderte *Rafsandschani* unter anderem eine Umstrukturierung des Sicherheitsrates, die Abschaffung des Vetorechts und eine rechtliche Gleichstellung von Sicherheitsrat und Generalversammlung. Schließlich prophezeite er dem Norden, daß eine Beibehaltung der gegenwärtigen Weltwirtschaftsordnung auch Rückwirkungen auf die Industriestaaten haben und dem dortigen Wirtschaftsboom ein Ende setzen würde.[10]

Wie oben schon erwähnt, wurde die Debatte in Jakarta darüber hinaus von den Konflikten innerhalb der Blockfreien-Bewegung geprägt. Zu einem Eklat kam es beispielsweise, als der irakische Vize-Präsident *Ramadan* (der den Konferenzsaal Hand in Hand

---

[8] Auszüge der Rede *Mahathirs* abgedruckt in: Third World Resurgence Nr. 26 / 1992, S. 26; vgl. auch Meldungen der Nachrichtenagenturen Associated Press und Reuters vom 3. September 1992.
[9] Vgl. *Morphet* (Anm. 2), S. 377.
[10] Vgl. Meldungen der Nachrichtenagenturen Associated Press, Reuters und Agence France Press vom 2. September 1992.

mit PLO-Chef *Arafat* betreten hatte) als Redner aufgerufen wurde und die kuwaitische Delegation daraufhin den Saal verließ. *Ramadan* verurteilte nicht nur das Vorgehen der USA, deren einziges Ziel die Schwächung und wirtschaftliche Ausbeutung des Irak sei und die den Weltsicherheitsrat deshalb dazu benutzt hätten, eine Flugverbotszone einzurichten, er erneuerte auch den Anspruch seines Landes auf das Territorium Kuwaits.[11]

Zu heftigen Diskussionen, die sogar eine Verschiebung der Abschlußsitzung notwendig machten, kam es trotz des unmittelbar vor der Gipfelkonferenz erzielten Kompromisses auch bezüglich des Krieges in Jugoslawien. Den Forderungen der meisten islamischen Staaten nach einer expliziten Verurteilung der Serben standen dabei erneut die Verteidiger der territorialen Integrität Jugoslawiens (insbesondere Sambia, Tansania, Zaire und Zimbabwe) gegenüber, die den nach Unabhängigkeit strebenden Teilrepubliken vorwarfen, „to undermine the sovereignty of Yugoslavia, to break it up territorially, and to destroy its international legal personality."[12]

Angesichts der Zerstrittenheit der Blockfreien in diesen beiden Konflikten und der aus ihrer Sicht eher ernüchternden Analyse der weltpolitischen Situation riefen zahlreiche Redner die Mitgliedstaaten der Bewegung schließlich zu mehr Einigkeit, Entschlossenheit und Pragmatismus auf. Der indische Ministerpräsident *Rao* machte in diesem Zusammenhang den Vorschlag, der Bewegung eine 'Charta' zu geben und eine „attainable agenda" für die Zukunft zu formulieren. Die Blockfreien, so *Rao*, müßten sich darüber hinaus energischer und glaubwürdiger für eine ihren Vorstellungen entsprechende neue Weltordnung einsetzen. Ein Schritt in diese Richtung könnte beispielsweise die Aufstellung einer „nonmilitary standby force made up of volunteers from nonaligned countries to help in crisis situations" sein.[13]

---

[11] Vgl. Meldungen der Nachrichtenagenturen Reuters und Agence France Presse vom 2. und 3. September 1992.
[12] *Misra* (Anm. 5), S. 8f.
[13] Vgl. ebd., S. 13 und *Morphet* (Anm. 2), S. 377.

3. Dokumente und Beschlüsse der zehnten Gipfelkonferenz

Wie Jugoslawien drei Jahre zuvor, so war auch Indonesien sehr darum bemüht, den Umfang der Dokumente[14] möglichst gering zu halten. Analog zur 'Declaration' von Belgrad wurde auf der zehnten Gipfelkonferenz deshalb eine kurze, in erster Linie an außerhalb der Bewegung stehende politische Akteure gerichtete 'Jakarta Message' verabschiedet, in der die Blockfreien zu den wichtigsten Themenbereichen Stellung bezogen. Auf diese 'Message' folgt das eigentliche 'Final Document', das sich in vier Kapitel (Introduction, Global Issues, Political Issues, Economic and Social Issues) gliedert und knapp 90 Seiten umfasst. Den Anhang bilden eine besondere Erklärung der Blockfreien zu Somalia sowie mehrere Beschlüsse und Resolutionen zu spezifischen Themen.

3.1. Mitgliedschaft und Institutionalisierung

Das Ende des Ost-West-Konflikts und der Zerfall der Sowjetunion brachten in der Mitgliedschaft der Bewegung einige Veränderungen mit sich. So nahmen die Blockfreien zwischen 1989 und 1992 sechs neue Staaten, nämlich Brunei, die Mongolei, Papua Neuguinea, die Philippinen, Usbekistan und Guatemala als Vollmitglieder auf. Da Chile und Birma (letzteres gegen den Widerstand zahlreicher Staaten, die ein beliebiges Aus- und Wiedereintreten nicht dulden wollten bzw. auf die massiven Menschenrechtsverletzungen des dortigen Militärregimes hinwiesen[15]) wieder zugelassen wurden, Panama aufgrund seiner engen Beziehungen zu den USA dagegen nicht mehr an den Konferenzen der Blockfreien teilnehmen durfte[16] und Argentinien ausgetreten war, erhöhte sich die Mitgliederzahl insgesamt von 102 auf 108. Erstmals bzw. wieder auf einer Gipfelkonferenz der Blockfreien vertreten waren darüber hinaus Namibia, das nach seiner 1990 erlangten Unabhängigkeit an die Stelle der SWAPO trat und Kambodscha, dessen Platz seit der sechsten Gipfelkonferenz in Havanna (1979) leer geblieben war.

Was die Mitgliedschaft Jugoslawiens anging, so hatten sich die Blockfreien, wie bereits erwähnt, darauf geeinigt, ihre Entscheidung bis nach der Sitzung der General-

---

[14] Vgl. *Odette Jankowitsch / Karl P. Sauvant* (Hrsg.): The Third World without Superpowers: The Collected Documents of the Non-Aligned Countries. Dobbs Ferry, New York 1978ff, Volume XII, S. 1123-1226. Alle in diesem Kapitel angegebenen Seitenzahlen beziehen sich auf diese Dokumentenausgabe.
[15] Vgl. *Misra* (Anm. 5), S. 11.
[16] Vgl. Süddeutsche Zeitung vom 27. April 1990.

versammlung der VN zu vertagen. Bosnien-Herzegowina und Slowenien wurden in Jakarta jedoch schon als Gäste der Bewegung zugelassen, während Kroatien neben Armenien, Thailand und China sogar Beobachterstatus erhielt. China hatte in der Vergangenheit schon mehrmals Interesse an einer engeren Zusammenarbeit mit der Blockfreien-Bewegung bekundet, war jedoch immer am Widerstand der mit der Sowjetunion verbündeten Staaten und insbesondere Indiens gescheitert.[17] Erst der Zerfall der östlichen Supermacht und eine zunehmende Ungewissheit bezüglich der zukünftigen Haltung Rußlands ließen diesen Widerstand schwinden, waren die Blockfreien nun doch froh, wenigstens ein Ständiges Mitglied des Weltsicherheitsrates auf ihrer Seite zu wissen.[18]

Was die Reform der Arbeitsweise der Bewegung und die Steigerung ihrer Effektivität angeht, so stand auf der zehnten Gipfelkonferenz das Problem der Koordination im Rahmen der Vereinten Nationen im Zentrum der Überlegungen (S. 1127). Das seit 1988 mit diesen Themen befasste 'Methodologie-Komitee'[19], das im Februar in Larnaka zusammengetreten war[20], forderte in diesem Zusammenhang eine bessere Ausstattung des Koordinationsbüros in New York durch ein spezielles 'back-up committee' und ad hoc-Arbeitsgruppen sowie die Schaffung eines 'Joint Coordinating Committees' zwischen den Blockfreien und der 'Gruppe der 77'. Beide Vorschläge wurden in Jakarta angenommen.[21]

Im Bereich der Wirtschaft einigten sich die Blockfreien darüber hinaus, so bald wie möglich eine besondere Konferenz über Wirtschafts- und Entwicklungsfragen abzuhalten und zwei Expertengruppen einzusetzen mit der Aufgabe, „to recommend practical solutions and new orientations in the economic and social fields" (S. 1222) bzw. „to study in depth all relevant aspects of the debt problem and to make policy guidelines" (S. 1226).

Auf Anregung *Suhartos* wurde außerdem die Bildung einer aus hohen Regierungsvertretern zusammengesetzten Arbeitsgruppe beschlossen, die konkrete Vorschläge für

---

[17] Zum Verhältnis Indien - Blockfreie - China vgl. *M.S. Rajan*: China and the Nonaligned Movement. In: *M.S. Rajan*: The Future of Nonalignment and the Nonaligned Movement. Some Reflective Essays. Neu-Delhi 1990, S. 77-81.

[18] Vgl. *Morphet* (Anm. 2), S. 359f und *Hans-Helmut Taake*: Promoting Non-Alignment and Self-Reliance. China's Development Policy. In: D+C Development and Cooperation 5/6/1994, S. 24.

[19] Vgl. oben, S. 35.

[20] Vgl. *George Penintaex*: NAM to play role in world affairs. In: Third World Resurgence Nr. 18/19 1992, S. 42.

[21] Vgl. *Morphet* (Anm. 2), S. 369.

eine den Interessen der Blockfreien entsprechende Reform der VN ausarbeiten sollte (S. 1219). Was dagegen das Problem der internen Konflikte anging, so kam es auch in Jakarta nicht zu substantiellen Ergebnissen. Das Koordinationsbüro der Bewegung erhielt in diesem Zusammenhang lediglich den Auftrag, weiterhin über geeignete Mechanismen zur Konfliktschlichtung zwischen Mitgliedstaaten nachzudenken (S. 1139).

Insgesamt lassen sich, was die Diskussionen um eine „Modernisierung" der Bewegung betrifft, dennoch deutliche Unterschiede zwischen der neunten und der zehnten Gipfelkonferenz feststellen. War man in Belgrad (vor allem auf Drängen des jugoslawischen Vorsitzenden) in erster Linie daran interessiert, die Arbeitsweise der Bewegung effizienter zu gestalten und ihre Dokumente von ideologischem Ballast zu befreien, so richtete sich die Aufmerksamkeit in Jakarta auf die Frage, wie die Blockfreien ihre Effektivität und damit ihren Einfluß innerhalb der VN bzw. gegenüber den Industriestaaten steigern konnten. Indonesien, das wie Jugoslawien eine entideologisierte, sich auf sachliche und realistische Weise mit aktuellen Problemen auseinandersetzende Blockfreien-Bewegung wünschte, vermied dabei geschickt die Fehler seines Vorgängers. So hatte sich Jugoslawien mit seinen wiederholten Forderungen nach Anpassung und Kooperationsbereitschaft bei vielen Mitgliedstaaten den Vorwurf eingehandelt, die „basic platform"[22], das heißt die grundlegenden Prinzipien der Bewegung radikal verändern zu wollen. In der von Indonesien verfassten und von den Blockfreien fast unverändert übernommenen 'Jakarta Message' wurde dieser Kritik Rechnung getragen, denn dort heißt es:

„ ... the countries of the Movement should search earnestly and innovatively for a new approach *in keeping with the principles of the Movement* with a view to restoring its effectiveness and reaffirming its vital role in laying the foundations of a new, just and equitable international order"[23] (S. 1132f).

3.2. Programmatik

Der schon in Belgrad festzustellende Trend, wonach immer weniger der Ost-West-, in zunehmendem Maße dagegen der Nord-Süd-Konflikt die internationalen Beziehungen und damit auch die Tagesordnung der Blockfreien-Konferenzen bestimmte, Wirtschafts-

---

[22] *Shameem Akhtar*: From Belgrade to Belgrade. In: Pakistan Horizon Vol. 42, Nr. 3-4 (Oct.) 1989, S. 121-134, dort S. 121.
[23] Hervorhebung der Verfasserin.

und Entwicklungsthemen demzufolge an Bedeutung gewannen, setzte sich in Jakarta unverändert fort. Angesichts der weltpolitischen Entwicklung zwischen 1989 und 1992 beschäftigten sich die Blockfreien auf ihrer zehnten Gipfelkonferenz aber auch intensiv mit der sich herausbildenden Neuen Weltordnung bzw. mit den Möglichkeiten einer Demokratisierung des internationalen Systems und einer den militärisch und wirtschaftlich schwachen Staaten zugute kommenden Reform der VN.

3.2.1. Frieden und Sicherheit

Wie in den Dokumenten früherer Gipfelkonferenzen, so spiegelte sich auch in den in Jakarta zum Themenbereich 'Frieden und Sicherheit' abgegebenen Erklärungen die aktuelle weltpolitische Lage wider. Aus der Sicht der Blockfreien hatte sich diese Lage vor allem im Hinblick auf regionale Konflikte deutlich verbessert. Verwiesen wurde in diesem Zusammenhang unter anderem auf die erfolgreichen Verhandlungen in Kambodscha, auf der koreanischen Halbinsel, zwischen Nord- und Südjemen, in Libanon, Namibia und Mittelamerika (S. 1133). Zugleich jedoch standen die Blockfreien unter dem Eindruck des Golfkrieges sowie bewaffneter Auseinandersetzungen in Jugoslawien und Somalia. Außer auf „traditionelle" Konfliktursachen (die von den Blockfreien in der Vergangenheit fast ausschließlich auf das Hegemonialstreben der Großmächte zurückgeführt worden waren) gingen sie deshalb in Jakarta ausführlich auf das Problem der „interference in the internal affairs of States" sowie auf „ethnic strife, religious intolerance, new forms of racism and narrowly conceived nationalism" ein (S. 1123). Die ausdrückliche Erwähnung übersteigerten Nationalismus' und religiöser Intoleranz als Konfliktursachen ist insofern aufschlußreich, als sich darin eine Abkehr der Blockfreien vom uneingeschränkten Selbstbestimmungsrecht der Völker bzw. ein zunehmender Einfluß gemäßigter islamischer Staaten andeutete.[24] Der Konflikt in Somalia bestätigte die Blockfreien darüber hinaus in ihrer schon früher geäußerten Auffassung, wonach Frieden und Stabilität nicht nur von militärischen oder politischen, sondern auch von sozio-ökonomischen Faktoren abhingen. „Diminishing prospects for economic growth and social advancement, large-scale unemployment, mass poverty and severe environmental degradation" (S.1124) stellten heutzutage die größte Bedrohung für den Frieden dar.

---

[24] Vgl. *Morphet* (Anm. 2), S. 376f.

Etwas geändert hatte sich auch die Einstellung der Blockfreien zu regionalen Initiativen im Bereich der Friedenssicherung. Die Mehrzahl der Mitgliedstaaten war diesen bislang eher skeptisch gegenübergestanden, hatte man doch eine Vernachlässigung der Vereinten Nationen, eine allmähliche Aufgabe des universalistischen Anspruchs der Blockfreien und eine weitere Heterogenisierung der Bewegung befürchtet. Gegen diese Bedenken setzte sich in Jakarta jedoch die Erkenntnis durch, „that security problems which are region-specific are best addressed within an appropriate regional context" (S. 1146). Die Blockfreien plädierten deshalb ausdrücklich „for the holding of regional dialogues ... to provide an appropriate framework for endeavours to promote security, and enhance economic, environmental, social and cultural cooperation (...). Such an approach, based on geopolitical, historical, cultural and other factors, can lead to channels of communication between adversaries and promote confidence-building measures which could facilitate the initiation of arms reduction talks in some regions." (S. 1147)

Was das Thema Abrüstung im allgemeinen betrifft, so zeigten sich die Blockfreien in Jakarta sehr erfreut über die seit 1989 erzielten Verhandlungsergebnisse. Ausdrücklich begrüßten sie die Anfang September 1992 (nach 32jähriger Verhandlungsdauer) im Rahmen der Abrüstungskonferenz der VN in Genf fertiggestellte Chemiewaffen-Konvention sowie die im Juni 1992 zwischen US-Präsident *Bush* und dem russischen Präsidenten *Jelzin* getroffene Vereinbarung über eine weit über das START I-Abkommen hinausgehende Reduzierung strategischer Offensivwaffen (S. 1148 und 1147).

Erstmals Bezug genommen wurde in diesem Zusammenhang auf die Notwendigkeit, geeignete Instrumente zur Verifikation, das heißt zur Überwachung der Vertragseinhaltung zu entwickeln - ein Thema, das angesichts der damit verbundenen Einschränkung nationaler Souveränität in der Vergangenheit tabu gewesen war. Auf der zehnten Gipfelkonferenz schlugen die Blockfreien dagegen die Schaffung eines satelliten-gestützten Verifikationssystems der VN vor, dessen Informationen allen Staaten zugänglich sein sollten. (S. 1147) Insgesamt betonten die Blockfreien immer wieder, „that the United Nations has a unique role and primary responsibility on all issues of disarmement." (S. 1148) Sie drückten damit ihre Besorgnis darüber aus, daß Verhandlungen, vor allem im Bereich der nuklearen Abrüstung, meist auf bilateraler Ebene oder zwischen den Atommächten geführt wurden.

Scharfe Kritik äußerten sie diesbezüglich gegenüber den Unterzeichnerstaaten des Nichtverbreitungsvertrags, denen sie „the failure ... to demonstrate a genuine commitment with regard to complete nuclear disarmement within a time bound framework under Articel VI of the NPT, and credible security assurances and adequate technical assistance to all non-nuclear weapon states" (S.1148) vorwarfen. Im Hinblick auf die für 1995 geplante Konferenz zur Verlängerung des Vertrags erwarteten die Blockfreien deshalb „a fresh appraisal of the implementation of the commitments undertaken by nuclear-weapon states" (S. 1148f) sowie ein sofortiges Ende aller Atomwaffentests. Desweiteren schlugen sie vor, einem der Mitgliedstaaten der Blockfreien-Bewegung den Vorsitz dieser Konferenz zu übertragen.

Wie schon in Belgrad gingen die Mitgliedstaaten der Bewegung schließlich auch auf das Problem der konventionellen Abrüstung ein. Dabei verurteilten sie zwar die hohen Rüstungsausgaben vieler blockfreier und anderer Dritte-Welt-Staaten, die deren wirtschaftliche und soziale Entwicklung oftmals behinderten, verwiesen zugleich jedoch auf die Mitverantwortung der waffenexportierenden Staaten und die Notwendigkeit, zunächst die wichtigsten Konfliktursachen, nämlich Unterentwicklung und Armut zu beseitigen. (S. 1150)

3.2.2. Unabhängigkeit, Selbstbestimmung und Rassengleichheit

Angesichts der positiven Entwicklungen im Süden Afrikas und insbesondere in Namibia, das im Juni 1990 als letztes afrikanisches Land die Unabhängigkeit erlangt hatte, hatte das Thema Entkolonisierung zwischen 1989 und 1992 kontinuierlich an Bedeutung verloren.[25] Während ihm in den Dokumenten der zehnten Gipfelkonferenz dann auch nur vier kurze Absätze gewidmet wurden (S. 1179f), rückten der Konflikt zwischen Israel und der PLO sowie das nach wie vor ungelöste Problem der Apartheid weiter in den Vordergrund. In der 'Jakarta Message' brachten die Blockfreien in diesem Zusammen-

---

[25] Dies zeigte sich auch daran, daß der 1986 in Harare eingerichtete 'Africa Fund' in Jakarta aufgelöst wurde. Vgl. den vom Vorsitzenden des Afrika-Fonds, dem indischen Premierminister *Rao* in Jakarta vorgetragenen Bericht in: Foreign Affairs Record Vol. 38 9/1992, S. 282f sowie *Misra* (Anm. 5), S. 11f.

hang erneut ihre Solidarität und uneingeschränkte Unterstützung für das palästinensische und das südafrikanische Volk zum Ausdruck. (S. 1124)

Das Prinzip der uneingeschränkten staatlichen Souveränität mehrmals betonend, kritisierten die Mitgliedstaaten der Bewegung schließlich die aus ihrer Sicht steigende Tendenz „to intervene in the internal affairs of other States under the pretext of protecting human rights or preventing conflict" (S. 1134). Wie in der wirtschaftlichen Abhängigkeit vieler Entwicklungsländer gegenüber den Industriestaaten, dem sogenannten 'Neo-Kolonialismus', sahen sie darin eine große Gefahr für das Recht militärisch und wirtschaftlich schwacher Staaten auf Unabhängigkeit und Selbstbestimmung.

3.2.3. Wirtschaftliche und soziale Entwicklung

In den Dokumenten der Gipfelkonferenz von Jakarta wurde, wie auch von zahlreichen Rednern gefordert, die Beseitigung von Unterentwicklung und Armut zum „top priority item on the international agenda" (S.1135) erklärt. Wie die Blockfreien in der 'Jakarta Message' feststellten, hatte sich die Kluft zwischen den wohlhabenden Staaten des Nordens und den Entwicklungsländern seit 1989 weiter vertieft. Doch während die Mitgliedstaaten der Bewegung in der 'Declaration' von Belgrad noch ihre Bereitschaft zur Anpassung, das heißt zu einer den Vorstellungen der Industriestaaten entsprechenden Umstrukturierung ihrer Volkswirtschaften erklärt und die Verantwortung für interne Mißstände übernommen hatten, drückten sich in den Dokumenten von Jakarta vor allem der Frust und die Verbitterung der blockfreien Staaten aus. So heißt es dort:

> „ ... while a significant number of developing countries had carried out structural adjustment processes and opened their economies, ... a lack of reciprocity is observed in the developed countries. ... while there was a widespread movement for trade liberalization in the developing countries, the commitment of the developed countries to free trade had continued to weaken." (S. 1151)

Statt die wirtschaftliche Situation zu verbessern, hätten die Anstrengungen vieler Entwicklungsländer somit nur deren Abhängigkeit von den weltwirtschaftlichen Rahmenbedingungen vergrößert:

> „In adopting outward-looking policies, they sought to benefit from greater integration in the global economy .... Improvement of the external economic environment for development encompassing the crucial issues of debt service burdens, capital flows,

access to technology, market access in goods and services and commodity prices had thus become even more critical for the developing countries." (S. 1136)

Wie auf allen vorausgegangenen Gipfelkonferenzen forderten die Blockfreien deshalb auch in Jakarta eine grundlegende Reform und Umstrukturierung des Weltwirtschaftssystems, der Begriff Neue Weltwirtschaftsordnung taucht dabei allerdings nicht mehr auf. (S. 1125) Was die Blockfreien den Industriestaaten vor allem vorwarfen, war zum einen deren zunehmend protektionistische bzw. auf den eigenen Vorteil ausgerichtete Handelspolitik, zum anderen ihre mangelnde Bereitschaft, zu einer Lösung der enormen finanziellen Probleme des Südens beizutragen. Der Verlauf der Uruguay-Runde des GATT (insbesondere die Verhandlungen über Finanz- und andere Dienstleistungen, den Schutz geistigen Eigentums und über Agrarprodukte) hatte sie erneut in ihrer Einschätzung bestätigt, wonach die Staaten des Nordens nur dort freien Handel befürworteten, wo sie marktführend waren, in Bereichen, in denen sie Konkurrenz vonseiten der Entwicklungsländer zu spüren bekamen, dagegen ihre Märkte abschotteten (S. 1125 und 1151).[26] Als den Interessen der Dritte-Welt-Staaten zuwiderlaufend wurden in diesem Zusammenhang auch regionale Integrationsprozesse (vor allem innerhalb der Industriewelt) gewertet, die in der Regel zu Freihandelszonen, Zollunionen oder, wie im Fall der EG, Gemeinsamen Märkten führten:

„Although these trends may pave the way for more effective multilateralism, in the absence of appropriate policies such regional groupings tend to spur the formation of powerful and closed economic blocs. Regional economic cooperation ... could be a major stimulus to global economic activities, provided it remains open and outwardlooking and does not result in additional external barriers." (S. 1137)

Daß alle Bemühungen der Entwicklungsländer, ihre wirtschaftlichen und sozialen Probleme zu überwinden, im Keim erstickt wurden, lag nach Ansicht der Blockfreien aber in erster Linie an den „inordinate burdens of external indebtedness and restricted financial flows." (S. 1136) Die finanzielle Lage der Staaten des Südens hatte sich dabei aufgrund der wirtschaftlichen Umstrukturierung in Mittel- und Osteuropa seit 1989 weiter verschärft: „the enormous needs of these countries for external resources, including financial flows, have affected the availability of resources for the developing countries, in spite of official commitments by the developed countries and multilateral financial

---

[26] Zum Verlauf der Uruguay-Runde vgl. Artikelserie in Third World Resurgence Nr. 3/1990, S. 14-24.

institutions in this connection." (S. 1136) Angesichts dieser zunehmenden Vernachlässigung der Entwicklungsländer und der Höhe des Schuldenbergs (die Ausstände der Entwicklungsländer hatten sich seit 1981 von 700 Milliarden auf 1400 Milliarden US-$ verdoppelt) plädierten die Blockfreien in den Dokumenten von Jakarta für eine konzertierte Aktion von Schuldnern, Gläubigern und internationalen Finanzorganisationen. Ziele dieser Aktion müssten eine drastische Verringerung der Schuldenlast bzw. ein Schuldenerlass für die am wenigsten entwickelten Staaten, eine größere Investitionsbereitschaft und Zinssenkungen vonseiten der Industriestaaten, eine Aufstockung der Entwicklungshilfe (auf mindestens 0,7 % des BSP) sowie eine Reform des internationalen Währungssystems sein. Auf den im Oktober stattfindenden Sitzungen der 47. Generalversammlung der VN sollte darüber hinaus die Abhaltung einer internationalen Konferenz über Finanzfragen angeregt werden. (S. 1194)

Der Wiederbelebung des Nord-Süd-Dialogs widmeten die Blockfreien insgesamt große Aufmerksamkeit, betonten jedoch mehrmals, daß ein solcher Dialog nicht „in terms of demands on the part of the developing countries or misperceived as charity on the part of the advanced countries" verlaufen dürfe, sondern auf „genuine interdependence, mutuality of interests, shared responsibility and mutual benefit" (S. 1153) basieren müsse.

Eine verbesserte Verhandlungsposition gegenüber den Industriestaaten erhofften sich die Blockfreien dabei in erster Linie von einer Intensivierung der Süd-Süd-Kooperation, ein Thema, das aufgrund der engen Zusammenarbeit zwischen Indonesien und dem von *Julius Nyerere* geführten 'South Centre' in Jakarta hohen Stellenwert besaß (S. 1199-1203). Vor allem in den Bereichen Nahrungsmittelproduktion, Bevölkerungswachstum, Handel, Investitionen und Technik sollten in Zukunft verstärkt Ressourcen, Wissen und Erfahrungen unter den Entwicklungsländern ausgetauscht werden. In den deutlich die Handschrift Indonesiens tragenden Dokumenten hoben die Blockfreien in diesem Zusammenhang immer wieder „the urgent need for a pragmatic and action-oriented Plan of Action" (S. 1199) hervor. Sie begrüßten deshalb die Bildung wirtschaftlicher Zusammenschlüsse auf regionaler und sub-regionaler Ebene[27] und beschlossen, wie bereits erwähnt, die Schaffung eines gemeinsamen Koordinierungs-Komitees zwischen der Blockfreien-

---

[27] Erwähnt werden an dieser Stelle die 'South Asian Association for Regional Cooperation (SAARC), die 'African Economic Community' (AEC) und das 'Central American Integration System' (CAIS).

Bewegung und der 'Gruppe der 77'. In einer gesonderten 'Resolution on External Debt' (S. 1225f) wurde darüber hinaus vereinbart, eigene Vorschläge zur Schuldenreduzierung auszuarbeiten und die Verhandlungsstrategien einzelner Staaten gegenüber ihren Gläubigern in Zukunft besser aufeinander abzustimmen.

Der häufig von den Industriestaaten erhobene Vorwurf, wonach das Konzept der 'self-reliance' in erster Linie am mangelnden politischen Willen der Regierungen des Südens scheitere, da diese eine Veränderung der Gesellschaftsstruktur bzw. einen Machtverlust der Eliten befürchteten[28], wurde in Jakarta insofern entkräftet, als die Blockfreien dort erstmals „the active envolvement of the business community in the preparation and implementation of projects" (S. 1200) forderten.

3.2.4. Multilateralisierung und Demokratisierung der internationalen Beziehungen

Die zehnte Gipfelkonferenz der Bewegung war das erste bedeutende Treffen der Blockfreien seit der Auflösung der Sowjetunion und damit der bipolaren Struktur des internationalen Systems. Die Frage nach der zukünftigen Weltordnung stand demzufolge auf der Tagesordnung von Jakarta ganz oben, zumal (wie insbesondere der Verlauf des Golfkrieges gezeigt hatte) die Vorstellungen des Westens bzw. der USA nicht mit denen der Blockfreien übereinzustimmen schienen. Gleich am Anfang der 'Jakarta Message' legten die Mitgliedstaaten der Bewegung deshalb dar, wie die neue Weltordnung ihrer Meinung nach aussehen sollte:

> „Such a new order must be firmly rooted in the rule of law, the principles of the United Nations Charter as well as equitably shared responsibility and joint commitment to global cooperation and solidarity. Its structure should be ... dedicated to peace and justice, to security and development, to democracy both within and among states and to the promotion of the fundamental rights and freedoms of individual human beings as well as of nations. We must ensure respect for the sovereignty of nations and the strict adherence to the principle of non-interference in the internal affairs of other states, whitch should not be diluted or abridged under any pretext." (S. 1123f)

Als mit Abstand wichtigstes Instrument zur Herbeiführung einer solchen Ordnung sahen die Blockfreien die Vereinten Nationen, an deren Wiederbelebung, Stärkung und vor allem Demokratisierung sie demzufolge sehr interessiert waren. In den Dokumenten von

---

[28] Vgl. *Volker Matthies*: Die Blockfreien - Ursprünge, Entwicklung, Konzeptionen. Opladen 1985 S. 66.

Jakarta gingen die Mitgliedstaaten der Bewegung deshalb auch erstmals ausführlicher auf die 1985 begonnene und nach dem Ende des Ost-West-Konflikts intensivierte Diskussion um eine Reform der VN ein (S. 1141-1145). Dabei zeigte sich erneut, daß die Blockfreien, obwohl auch sie die VN insgesamt für reformbedürftig und Sparmaßnahmen sowie eine Steigerung der administrativen Effizienz an einigen Stellen für notwendig hielten, unter Reform etwas grundlegend anderes verstanden als die USA bzw. die Industriestaaten.[29] Aus der Sicht der Blockfreien und anderer Entwicklungsländer hatten sich die VN im Lauf der Zeit eindeutig von einem „consultive and deliberative body" zu einer „operative institution" (S. 1145) gewandelt. Eine Reform mußte deshalb in erster Linie darauf abzielen, die VN im wirtschaftlichen und sozialen Bereich zu stärken, „so that the United Nations machinery will be truly responsive to the growing needs of the developing countries." (S. 1144)

Was das Verhältnis der Organe der VN zueinander angeht, forderten sie demzufolge eine Aufwertung der Generalversammlung, die (aufbauend auf der 1950 von den USA eingebrachten 'Uniting for Peace'-Resolution) zum wichtigsten „forum for deliberation, negotiation and decision-making on all issues of global concern" (S. 1143), also auch in sicherheitsrelevanten Fragen werden sollte. Strukturen und Arbeitsweise der Generalversammlung müssten zu diesem Zweck jedoch verändert bzw. effizienter gestaltet werden, ein Punkt, an dem die Blockfreien auch Selbstkritik übten und alle Mitgliedstaaten der Bewegung mahnten, „to utilize the potential of the Organization in a much more purposeful and rational way" (S. 1141).

Der Sicherheitsrat, besonders dessen Ständige Mitglieder, werden in den Dokumenten von Jakarta aufgefordert, sich an das in der Charta der VN festgeschriebene Mandat zu halten und nicht Aufgaben der Generalversammlung oder deren Unterorganisationen zu übernehmen. Besorgt äußerten sich die Blockfreien darüber hinaus über die zunehmende Dominanz einzelner Staaten innerhalb des Sicherheitsrates, die diesen immer mehr zu einer Institution „for the imposition of the will of the strong upon the weak" mache, seine Glaubwürdigkeit und moralische Autorität dadurch jedoch stark gefährde (S. 1143). Die Mitgliedstaaten der Bewegung plädierten deshalb für eine Neuordnung des Sicherheits-

---

[29] Vgl. *Dip Narain Mishra*: Restructuring the United Nations - U.S. vs. NAM. In: India Quarterly Nr. 4 (Oct.-Dec.) 1992, S. 71-76.

rates sowie für eine Überprüfung des Vetorechts, das nicht mit dem „inevitable process"
(S. 1142) einer Demokratisierung der Weltorganisation zu vereinbaren sei. Daß die
Blockfreien im Zusammenhang mit der Erweiterung des Sicherheitsrates keine konkrete-
ren Vorschläge machten, dürfte vor allem daran gelegen haben, daß mehrere Staaten der
Bewegung (wie beispielsweise Indien, Pakistan, Ägypten oder Nigeria) an einem ständigen Sitz interessiert waren, der Versuch einzelne Kandidaten zu benennen deshalb zu
harten diplomatischen Auseinandersetzungen geführt hätte.[30]

Übereinstimmung mit den Staaten des Nordens herrschte in Jakarta am ehesten in der
Frage nach geeigneten Maßnahmen zur Friedenssicherung. Obwohl die Blockfreien immer wieder auf die Souveränität der Staaten und das Prinzip der Nichteinmischung in
innere Angelegenheiten hinwiesen, befürworteten auch sie Maßnahmen, die über das
traditionelle Peace*keeping* hinausgehen, so beispielsweise „engagement in peace-*making*
where conflict occurs", „post-conflict peace-*building*"[31] oder „fact-finding and good offi-
ces missions, and United Nations observers or presence in areas of conflict" (S. 1142f).
Auch Wirtschaftssanktionen wurden entgegen der Forderungen einiger Redner (wie beispielsweise des Präsidenten Zimbabwes *Mugabe* oder des philippinischen Außenministers
Romulo) in den Dokumenten nicht verurteilt.[32] Ebenfalls Unterstützung fand schließlich
das vor allem von Generalsekretär *Boutros-Ghali* propagierte Konzept der präventiven
Friedenssicherung, da der von den Blockfreien immer schon betonte enge Zusammenhang zwischen Frieden und Entwicklung dort klar anerkannt wird. (S. 1142)

Eine andere Position als die Industriestaaten vertraten die Blockfreien dagegen in Per-
sonal- und Haushaltsfragen, forderten sie doch eine stärker nach geographischen Gesichtspunkten vorgenommene Verteilung der Posten innerhalb des Systems der Vereinten
Nationen und ein ausgeglicheneres Verhältnis zwischen „regular budgets and extra-
budgetary resources", wobei sie erstere aufstocken, letztere dagegen reduzieren wollten.
(S. 1145)

Wie vom Vorsitzenden der Bewegung Präsident *Suharto* vorgeschlagen, beschlossen
die Blockfreien in Jakarta schließlich die Bildung einer aus hohen Regierungsvertretern

---

[30] Vgl. Meldung der Nachrichtenagentur Agence France Presse vom 1. September 1992.
[31] Hervorhebungen der Verfasserin.
[32] Vgl. *Morphet* (Anm. 2), S. 365.

bestehenden Arbeitsgruppe, die die weltweit geführte Diskussion um eine Reform der VN aufmerksam mitverfolgen und eigene Reformvorschläge ausarbeiten sollte (S. 1219).

3.2.5. Umwelt

Daß die Blockfreien auf ihrer zehnten Gipfelkonferenz selbstbewußter auftraten als drei Jahre zuvor, zeigte sich bei diesem Thema schon an der Überschrift. Anders als in Belgrad wurde die weltweite Umweltproblematik in Jakarta nämlich unter dem Titel 'Environment and Development' behandelt (S. 1154-1156). Umweltschutz und Entwicklung waren nach Ansicht der blockfreien Staaten untrennbar miteinander verbunden, denn während Umweltzerstörung in den Industriestaaten durch „unsustainable patterns of production and consumption and wasteful life-styles" verursacht würde, sei sie in Entwicklungsländern meist eine Folge von „extreme poverty and under-development" (S. 1154). Die Mitgliedstaaten der Bewegung begrüßten in diesem Zusammenhang das von der Weltumweltkonferenz in Rio de Janeiro verabschiedete Konzept des 'sustainable development', das (nach ihrer Interpretation) die Industriestaaten auf eine nachhaltige Produktions- und Lebensweise verpflichtete, für die Staaten des Südens dagegen den Entwicklungsaspekt in den Vordergrund stellte. Der Norden wurde in Jakarta dann auch mehrmals aufgefordert, die Beschlüsse von Rio rasch umzusetzen, um so den Entwicklungsländern genügend „environmental space ... for their economic and social advancement" (S. 1156) zu geben. Darüber hinaus verlangten die Blockfreien zusätzliche finanzielle Mittel zur Realisierung der in der 'Agenda 21' formulierten Ziele sowie einen verstärkten Technologietransfer in die Dritte Welt. Zahlreiche Redner sprachen sich in diesem Zusammenhang gegen das von den USA verhängte Handelsverbot für sogenannte 'dual technologies' aus, das heißt für Technologien, die sowohl der Herstellung ziviler als auch militärischer Produkte dienen.[33] Kritisiert wurde in Jakarta schließlich auch, daß Umweltfragen in zunehmenden Maße „as an excuse for interference in the internal affairs of the developing countries or to impose conditionalities in aid, trade or development financing" (S. 1155) benutzt würden. Ein solches Vorgehen verletze die auch in Rio bestätigte Souveränität der Staaten über ihre natürlichen Ressourcen.

---

[33] Vgl. *Misra* (Anm. 5), S. 5.

3.2.6. Demokratie und Menschenrechte

Daß die zehnte Gipfelkonferenz der Bewegung in einem asiatischen Land stattfand, zeigte sich besonders bei diesen Themen, zu denen die Blockfreien in Jakarta insgesamt einen sehr viel weniger den Vorstellungen westlicher Staaten entsprechenden Standpunkt vertraten als drei Jahre zuvor in Jugoslawien.

Zahlreiche Unstimmigkeiten und Widersprüche in den Dokumenten machen aber zugleich deutlich, wie kontrovers Demokratie und Menschenrechte innerhalb der Bewegung diskutiert wurden. Vor allem die blockfreien Staaten aus Lateinamerika und Afrika (das seit 1989 eine ähnliche 'Demokratisierungswelle' erlebt hatte wie Mittel- und Osteuropa) nahmen hierbei eine deutlich prowestlichere Haltung ein als Malaysia, Singapur, Indonesien oder andere asiatische Mitgliedstaaten.[34]

Am Ende konnten beide Gruppen ihre Auffassungen in die Dokumente einbringen, wobei sich in der 'Jakarta Message' (S. 1126) die Position der aus westlicher Sicht „gemäßigten" Blockfreien, in den ausführlicheren Dokumenten (S. 1157) dagegen die Menschenrechtskonzeption der asiatischen Staaten durchsetzte. In Bezug auf die Universalität der Menschenrechte heißt es so zunächst: „... basic human rights and fundamental freedoms are of universal validity", während einige Seiten später dagegen gefordert wird, mehr Rücksicht auf „varying historial, political, economic, social, and cultural realities" zu nehmen. Auch begrüßten die Blockfreien den weltweiten Trend zu Demokratie, verwiesen jedoch sofort auf das Recht aller Nationen, „to freely establish their own political and economic systems and institutions." Unstimmigkeiten gab es außerdem in der Frage nach dem Zuammenhang zwischen Menschenrechten und wirtschaftlicher Entwicklung. So findet sich in der 'Jakarta Message' noch die sehr gemäßigte Feststellung, „that economic and social progress facilitate the achievement of (democracy and ... the protection of human rights)", während in den ausführlicheren Dokumenten das Recht auf Entwicklung bzw. wirtschaftliche, soziale und kulturelle Menschenrechte, „which relate more immediately to humankind's needs for food, shelter and health care and the eradication of poverty and illiteracy" eindeutig für prioritär erklärt werden. Nach dem gleichen Schema äußerten sich die Blockfreien auch zu individuellen und kollektiven Menschen-

---

[34] Vgl. *Morphet* (Anm. 2), S. 365.

rechten. Auch hier plädierten sie zunächst nur für „a balanced relationship between individual and community rights", betonten wenig später jedoch ausdrücklich das Selbstbestimmungsrecht der Völker sowie die Pflichten des Individuums gegenüber Gesellschaft und Staat, deren Vernachlässigung besonders in Entwicklungsländern rasch zu Instabilität führen könne.

Das erstmals in einem offiziellen Dokument der Bewegung enthaltene Bekenntnis der Blockfreien zu ihren „commitments deriving from universal legal instruments relating to human rights" (S. 1157) findet sich allerdings nicht in der 'Jakarta Message', denn dort wurde es von einer von asiatischer Seite verfassten Textpassage verdrängt, in der es heißt: „In the promotion and the protection of these rights and freedoms, we ... uphold the competence and responsibility of national governments in their implementation."(S. 1126)

3.2.7. Terrorismus und Drogen

Als eine der größten Bedrohungen für den Schutz der Menschenrechte und als Gefahr für die politische Einheit und territoriale Integrität vieler Staaten wurde in den Dokumenten von Jakarta der internationale Terrorismus bezeichnet (S. 1158 und 1182f). Für diese scharfen Verurteilungen hatten sich vor allem Indonesien und Indien eingesetzt, die in Osttimor bzw. im Punjab und in Jammu und Kashmir mit aus ihrer Sicht terroristischen Gruppen und Aktionen konfrontiert waren.[35] Die von Indien eingebrachte, an alle Staaten gerichtete Forderung „to refrain from organizing, instigating, assisting or participating in terrorist acts in other States" (S. 1182) ist dann auch als klare Anspielung auf Pakistan zu verstehen.

Wie schon in Belgrad hielten die Blockfreien darüber hinaus an ihrer Unterscheidung zwischen Terrorismus und dem legitimen Befreiungskampf fremdbestimmter Völker fest. Sie schlugen in diesem Zusammenhang die Abhaltung einer Konferenz der VN vor, auf der der Begriff Terrorismus eindeutig definiert werden sollte.

---

[35] Vgl. *Misra* (Anm. 5), S. 10 und Meldung der Nachrichtenagentur Agence France Presse vom 5. September 1992.

Daß dies kaum realisierbar sein dürfte, zeigt sich am Beispiel der Politik Indonesiens, das Osttimor 1974 besetzte und dessen Bevölkerung seitdem brutal unterdrückt[36], das in seinem der Gipfelkonferenz vorgelegten Dokumentenentwurf jedoch zugleich „the brutalization of peoples kept under foreign occupation as the gravest form of terrorism" (S. 1183) verurteilte.

Erstmals in Verbindung mit Terrorismus gebracht wurden in Jakarta schließlich auch ethnischer und religiöser Extremismus, die „a direct threat to the foundation of societes and to the respect of the democratic process" (S. 1183) darstellten. Vor allem gemäßigte islamische Staaten unterstützten diese Formulierung, während Iran offizielle Vorbehalte dagegen geltend machte.

Was die internationale Drogenproblematik betrifft, so hatte sich die Haltung der Blockfreien seit Belgrad kaum verändert. Der größere Einfluß asiatischer Staaten, deren Vertreter die westlichen Industriestaaten häufig als „zu libertär"[37] oder spöttisch als 'newly decaying countries' bezeichneten, machte sich jedoch insofern bemerkbar, als das internationale Drogenproblem in erster Linie „as a result of the increased demand in developed countries" (S. 1181) dargestellt wurde. Auch in Jakarta forderten die Mitgliedstaaten der Bewegung darüber hinaus finanzielle Hilfe bei der Bekämpfung des Drogenanbaus sowie die strikte Beachtung des Nichteinmischungsprinzips. In den Dokumenten findet sich in diesem Zusammenhang ein sehr deutlicher Hinweis auf die Intervention der USA in Panama. Dort heißt es: „(The Heads of State or Government) rejected all decisions to kidnap citizens of other countries whether allegedly linked with criminal activities or not, as it constitutes an extra-territorial implementation of national legislations contrary to the most basic principles of international law." (S. 1182)

---

[36] Nach Schätzungen Amnesty Internationals verloren seit 1974 rund 200 000 Osttimorensen durch die Besatzung Indonesiens ihr Leben; vgl. *Jochen Buchsteiner*: Indonesien - Ein Elefant erhebt sich. In: ZEIT-Punkte Nr. 4/1995, S. 58-62.

[37] Der langjährige Regierungschef Singapurs *Lee Kuan Yew*, Interview in: ZEIT-Punkte Nr. 4/1995, S. 19-21, dort S. 20.

4. Die Beurteilung der zehnten Gipfelkonferenz

Die zehnte Gipfelkonferenz der Blockfreien wurde nicht nur von den Mitgliedstaaten der Bewegung, sondern auch von einigen westlichen Beobachtern als Erfolg gewertet. Nahezu alle in Jakarta vertretenen Staats- und Regierungschefs äußerten große Befriedigung darüber, „that their Movement was now back on track, with a redefined rationale for its existence in the post-Cold War world."[38] Besonders begrüßt wurde dabei zum Beispiel von *Suharto*, daß die Bewegung trotz interner Konflikte und sehr unterschiedlicher Standpunkte „with a strong sense of solidarity and an even greater resolve and determination to pursue goals and objectives"[39] aus der Konferenz hervorgegangen sei.

Die Konflikte in Jugoslawien und zwischen Irak und Kuwait wurden von Kritikern zwar auch zum Anlaß genommen, eine drohende Spaltung der Bewegung in islamische und nichtislamische Blockfreie bzw. in gemäßigte und radikale arabische Mitgliedstaaten zu konstatieren und daraus die Gefahr „d'un éclatement ou d'une implosion"[40] abzuleiten. Gerade die Art, wie die Blockfreien diese Spaltung in Jakarta verhinderten, nämlich durch das professionelle diplomatische Vorgehen Indonesiens sowie die Nichtberücksichtigung radikaler islamischer Positionen, galt anderen jedoch als Beweis für die Problemlösungsfähigkeit und zukünftige Relevanz der Blockfreien.[41]

Nach Ansicht vieler Beobachter zeichnete sich die Konferenz durch ein hohes Maß an Pragmatismus und Realismus aus. Den Blockfreien sei es in Jakarta gelungen, die Suche nach konkreten Lösungen für ihre Probleme in den Vordergrund zu stellen[42] und „a sober and realistic assessment of the emerging international situation"[43] abzugeben, ohne sich dabei antiwestlicher Rhetorik zu bedienen. Angesichts ihrer intensiven Beschäftigung mit der neuzugestaltenden Weltordnung, mit der Reform der Vereinten Nationen und vor allem mit wirtschaftlichen Themen hätten die Blockfreien darüber hinaus auch inhaltlich die richtigen Prioritäten gesetzt. Für besonders wichtig hielt es in diesem Zusammenhang

---

[38] *Chakravarthi Raghavan*: Jakarta Summit reinvigorates NAM. In: Third World Resurgence Nr. 26 / 1992, S. 27.
[39] *Suharto*, zitiert nach *Raghavan* (Anm. 38).
[40] *Daniel Colard*: La crise d'identité des pays non-alignés. In: Défense Nationale Avril 1993, S. 109-116, dort S. 116.
[41] Vgl. *Morphet* (Anm. 2), S. 375-377.
[42] Vgl. ebd.
[43] *Misra* (Anm. 5), S. 14.

der indische Autor *Misra*, daß wirtschaftliche und soziale Probleme der Blockfreien und anderer Entwicklungsländer in Jakarta „within a political framework"[44] behandelt worden seien, die Bewegung ihre Existenzberechtigung (insbesondere gegenüber der 'Gruppe der 77') dadurch eindeutig unter Beweis gestellt habe. Insgesamt hätten die Blockfreien die internationale Politik verstärkt auf Nord-Süd-Richtung gedreht, von einem Bedeutungsverlust oder einer Marginalisierung der Bewegung könne deshalb nicht die Rede sein.[45]

---

[44] Ebd.
[45] Vgl. *Morphet* (Anm. 2), S. 378-380.

Kapitel 6

1992 bis 1995: Das Comeback der Blockfreien-Bewegung ?

War die Blockfreien-Bewegung nach der vor allem von Gastgeber Jugoslawien und westlichen Beobachtern optimistisch als „Wende" und „Wiederbelebung" bezeichneten Gipfelkonferenz von Belgrad in eine schwere Krise geraten, so erlebte sie zwischen 1992 und 1995 einen deutlichen Aufschwung. Dieser äußerte sich vor allem darin, daß die Blockfreien auf internationaler Ebene sehr viel stärker auf sich aufmerksam machen und ihre Positionen häufiger einbringen oder sogar durchsetzen konnten als in der Vergangenheit.

Die Gründe hierfür sind vielfältig. Eine wichtige Rolle dürfte jedoch die Tatsache gespielt haben, daß die Mitgliedstaaten der Bewegung unter der Führung Indonesiens ihre Einzelinteressen bereitwilliger als bisher hinter gemeinsame Anliegen zurückstellten und deshalb geschlossener auftraten als in vorangegangenen Jahren. Dieser engere Zusammenhalt und das gestiegene Selbstbewußtsein der Blockfreien führten darüber hinaus zu einer Reaktivierung des Konzeptes der 'self-reliance' bzw. der Süd-Süd-Kooperation und damit auch zu einer intensiveren Zusammenarbeit mit der 'Gruppe der 77'.

Daß die Bewegung in vielen Politikbereichen „Erfolge" verzeichnen konnte, lag jedoch nicht nur am geschlosseneren Auftreten des Südens, sondern auch an der zunehmenden Differenzierung des Nordens. Der Wegfall des in vielerlei Hinsicht disziplinierenden Ost-West-Konflikts, die wachsende wirtschaftliche Konkurrenz unter den Industriestaaten sowie globale Auswirkungen von Umweltzerstörung und Unterentwicklung (beispielsweise in Form von Migration) ließen die Front des Nordens an einigen Stellen bröckeln und neue (Nord-Süd-) Koalitionen entstehen.

Wie sich diese gegenläufige Entwicklung - engerer Zusammenhalt im Süden, zunehmende Divergenzen im Norden - in der Praxis darstellte, welche „Erfolge" die Blockfreien auf ihren eigenen Konferenzen oder im Rahmen der Vereinten Nationen (vgl. Tabelle 3) erzielen konnten und ob diese den Beginn tiefgreifender struktureller Veränderungen und einer den Vorstellungen des Südens entsprechenden neuen Weltordnung markierten oder aber nur Zugeständnisse des Nordens waren - diese Fragen sollen im folgenden behandelt werden.

1. Die neue Einigkeit der Blockfreien und des Südens

Wie in Kapitel 4 ausführlich dargestellt, waren es vor allem die Kriege am Golf und in Jugoslawien, die zu Kontroversen unter den Blockfreien führten und deren Zusammenhalt zwischen 1989 und 1992 entscheidend schwächten. Positiv ausgewirkt haben dürfte sich demzufolge die Tatsache, daß die Bewegung in den drei Jahren nach der Gipfelkonferenz von Jakarta von ähnlich ernsten, das heißt die Interessen der Industrie- bzw. der europäischen Staaten unmittelbar berührenden kriegerischen Auseinandersetzungen zwischen oder in Mitgliedstaaten verschont blieb. Zwar kam es (wie beispielsweise 1994 in Ruanda) auch in diesem Zeitraum zu bewaffneten Konflikten, doch führten diese im Gegensatz zu den Kriegen am Golf oder in Jugoslawien weder zu scharfer Kritik vonseiten der Industriestaaten noch zu einer Spaltung der Blockfreien. Auch der Streit um einen eventuellen Ausschluß Jugoslawiens aus der Bewegung konnte, indem die Blockfreien sich der Entscheidung der 47. Generalversammlung der VN (die die Mitgliedschaft Jugoslawiens bis auf weiteres „einfror") anschlossen und Jugoslawien nicht mehr zu ihren Konferenzen einluden, rasch beigelegt werden.

Auftrieb bekamen die Blockfreien darüber hinaus durch den Beitritt fünf neuer Mitglieder, zumal es sich dabei neben Eritrea, Honduras und Turkmenistan um so wirtschaftlich und politisch bedeutende Staaten wie Thailand und Südafrika handelte.

Entscheidender (besonders im Hinblick auf die Einigkeit des Südens insgesamt) dürfte jedoch die Tatsache gewesen sein, daß sich, entgegen der häufig geäußerten These, wonach sich die Dritte Welt aufgrund ihrer fortschreitenden ökonomischen Differenzierung in einem Prozeß der Auflösung befinde[1], auf wirtschaftlichem Gebiet allmählich das im Bericht der Süd-Kommission geforderte neue „Südbewußtsein" entwickelte.[2] Innerhalb der Blockfreien-Bewegung äußerte sich dies in einer deutlichen Steigerung der Aktivitäten im Bereich der Süd-Süd-Kooperation.

---

[1] Vgl. *Ulrich Menzel*: Das Ende der „Dritten Welt" und das Scheitern der großen Theorie. In: Politische Vierteljahresschrift 32 (1991) 1, S. 4-33.
[2] Vgl. *South Commission*: The Challenge to the South. The Report of the South Commission. New York 1990, S. 158-160.

Tabelle 3

**Konferenzen der Blockfreien-Bewegung und Aktivitäten im Rahmen der
Vereinten Nationen zwischen den Gipfelkonferenzen von Jakarta und Cartagena**

	Konferenzen der Blockfreien-Bewegung	Aktivitäten im Rahmen der VN
1992	Außenministerkonferenz (Koordinationsbüro), New York / Oktober	47. VN-Generalversammlung, New York / September - Oktober
	Treffen der 'Gruppe der 15', Senegal / November	
1993	Außenministertreffen, Bali / Mai	
		VN-Menschenrechtskonferenz, Wien / Juni
	Außenministerkonferenz (Koordinationsbüro), New York / Oktober	48. VN-Generalversammlung, New York / September - Dezember
	Ministerkonferenz zur Vorbereitung der VN-Bevölkerungskonferenz, Bali / November	
1994	Außenministerkonferenz, Jakarta / Februar	
	Treffen der 'Gruppe der 15', Neu-Delhi / März	
	Elfte Außenministerkonferenz, Kairo / Mai	
	Ministerkonferenz über Verschuldung und Entwicklung, Jakarta / August	VN-Bevölkerungskonferenz, Kairo / Sept.
	Außenministerkonferenz (Koordinationsbüro), New York / Oktober	49. VN-Generalversammlung, New York / September - Dezember
	Ministerkonferenz über Ernährung und Landwirtschaft, Bali / Oktober	IWF / Weltbank - 50. Jahrestagung , Madrid / Oktober
1995	Ministerkonferenz über Arbeit, Neu-Delhi / Januar	Weltsozialgipfel, Kopenhagen / März
	Außenministerkonferenz, Bandung / April	Weltklimakonferenz, Berlin / März-April
		Konferenz zur Verlängerung des Nichtverbreitungsvertrags, New York / Mai
	Expertentreffen zu Süd-Süd-Entwicklungsstrategien (Self-Propelling Growth), Jakarta / Juni	
	Ministerkonferenz zur Vorbereitung der Weltfrauenkonferenz, Peking / August	Weltfrauenkonferenz, Peking / September

Wie in Jakarta vorgeschlagen, intensivierten die Blockfreien ihre Zusammenarbeit dabei vor allem in den Bereichen Verschuldung[3], Ernährung und Landwirtschaft[4] sowie Forschung und Technik. Beschlossen wurden in diesem Zusammenhang beispielsweise Koordinationstreffen „on debt management and debt negotiation techniques", Kooperationsprogramme in der landwirtschaftlichen Forschung und zwischen Nahrungsmittel-Ex- und Importeuren, gemeinsame Ausbildungsprojekte oder die Schaffung eines Blockfreien-Zentrums für Technische Zusammenarbeit.[5]

Wichtigster Motor der Süd-Süd-Kooperation dürfte allerdings die 1989 in Belgrad gegründete 'Gruppe der 15' gewesen sein, die sich bis zur elften Gipfelkonferenz der Blockfreien in Cartagena viermal auf höchster Regierungsebene getroffen[6] und dabei knapp 20 gemeinsame Projekte in den Bereichen Information, Finanzierung, Landwirtschaft, Bevölkerungswachstum, Wissenschaft und Technologie vereinbart hatte.[7] Die 'Gruppe der 15', der auch die nicht (mehr) blockfreien Staaten Argentinien, Brasilien, und Mexiko angehören, spielte jedoch vor allem deshalb eine wichtige Rolle, weil sie die besonders in den Industriestaaten weitverbreitete Auffassung, wonach „für die Schwellenländer ... die wirtschaftliche und politische Blockbildung mit den restlichen Entwicklungsländern obsolet werde"[8] widerlegte. Gerade die wirtschaftlich erfolgreicheren Staaten Asiens und Lateinamerikas, die das nachlassende geostrategische Interesse der westlichen Industriestaaten und die Konkurrenz aus Osteuropa deutlich zu spüren bekamen, zählten vielmehr zu den Vorreitern einer verstärkten, auch über regionale Grenzen hinausgehenden Süd-Süd-Kooperation, von der sie sich neben einer geringeren Abhängigkeit von den Industriestaaten auch „bessere Ausgangsbedingungen für eine Integration in

---

[3] Vgl. Ministerkonferenz der Blockfreien zum Thema 'Verschuldung und Entwicklung' in Jakarta (13.-15. 8. 1994); Dokumente der Konferenz abgedruckt in: *Botschaft der Republik Indonesien* Press-Release Nr. 08/PR/PEN/VII/94 vom 22. August 1994; vgl. auch: Indonesia Newsletter Vol. 7, 3/1994, S. 1f.
[4] Vgl. Ministerkonferenz der Blockfreien zum Thema 'Ernährung und Landwirtschaft' in Nusa Dua / Bali (7.-11. 10. 1994); Bericht in: Indonesien Report Jg. 94 Nr. 7, S. 6.
[5] Die Beschlüsse der Blockfreien im Bereich der Süd-Süd-Kooperation sind zusammengefasst in den Dokumenten der Außenministerkonferenz des Koordinationsbüros in Bandung (25.-27. 4. 1995): UN-Doc. A/49/920 bzw. S/1995/489, S. 26-32.
[6] Diese Gipfeltreffen der 'Gruppe der 15' fanden statt in Kuala Lumpur (Juni 1990), Caracas (November 1991), Dakar (November 1992) und Neu-Delhi (März 1994).
[7] Vgl. G-15 Meets in Delhi (ohne Autorenangabe). In: World Focus Vol. 15, 2 (February) 1994, S. 21f und Indonesia Newsletter Vol. 7 1/1994, S. 1.
[8] *Karl Otterbein*: Süd-Süd-Gipfel 1996. In: epd-Entwicklungspolitik 22/94, S. 4f, dort S. 4.

den Weltmarkt"[9] erhofften. Was die lateinamerikanischen Schwellenländer betrifft, so dürfte deren Rückbesinnung auf die Region bzw. auf den Süden insgesamt darüber hinaus auf ihre wachsende Enttäuschung über die Zusammenarbeit mit den USA und Kanada zurückzuführen sein. Als Beispiel hierfür kann die 1990 von US-Präsident *Bush* groß angekündigte „Initiative für Amerika" gelten, deren hoch gesteckte Ziele bislang kaum verwirklicht wurden.[10]

Die neue Einigkeit des Südens wurde aber auch durch eine verbesserte Koordination zwischen den Blockfreien und der 'Gruppe der 77' ermöglicht. Zu einer qualitativen Veränderung im Verhältnis der beiden Gruppierungen kam es dabei durch das in Jakarta ins Leben gerufene 'Joint Coordination Committee' (JCC), das im Herbst 1994 erstmals zusammentrat und sich als sehr effektiv erwies. Schon während der 49. Ordentlichen Tagung der Generalversammlung der VN wurden deutlich mehr Resolutionen von den Blockfreien und der 'Gruppe der 77' gemeinsam eingebracht und unterstützt („co-sponsored") als bisher, so beispielsweise Resolution 49/94 zum Thema Verschuldung, Resolution 49/96 über die Einberufung einer UN-Konferenz zur Süd-Süd-Kooperation oder Resolution 49/128, in der die Generalversammlung auf die Ergebnisse der Weltbevölkerungskonferenz einging.[11]

Auch vor wichtigen internationalen Konferenzen (1994/95 waren dies vor allem die Weltbevölkerungskonferenz in Kairo, die 50. Jahrestagung von IWF und Weltbank, der Weltsozialgipfel in Kopenhagen, das Treffen der G-7 in Halifax und die Weltfrauenkonferenz in Peking) stimmten die Blockfreien und die 'Gruppe der 77' ihre Positionen besser aufeinander ab als in der Vergangenheit.[12] Auf der Außenministerkonferenz der Blockfreien in Bandung im April 1995 wurde das JCC darüber hinaus beauftragt, die im Vorfeld des 50jährigen Jubiläums der VN in großer Zahl veröffentlichten Berichte und Vorschläge zur Reform der Weltorganisation eingehend zu untersuchen und einen gemeinsamen Standpunkt des Südens auszuarbeiten[13] sowie „to harmonize and if possible

---

[9] *Wolf Grabendorff*: Lateinamerika in einer neuen internationalen Ordnung. In: Europa-Archiv 20/1993, S. 587-594, dort S. 590.
[10] Vgl. ebd., S. 590f.
[11] Vgl. Dokumente der Außenministerkonferenz des Koordinationsbüros in Bandung (Anm. 5).
[12] Vgl. ebd. und *Konrad Melchers*: IWF / Weltbank-Jahrestagung ohne Jubiläumsbonus. In: epd-Entwicklungspolitik 20/21/94, S. 17-23 und Rückseite des Titelblatts.
[13] Vgl. Dokumente der Außenministerkonferenz des Koordinationsbüros in Bandung (Anm. 5), S. 10 (Absatz 19.).

to integrate the respective programs and projects of the Action Program of Economic Cooperation (APEC) of the Non-Aligned Movement and the Caracas Program of Action (CPA) of the Group of 77."[14]

Eine bedeutende Rolle in Fragen der Süd-Süd-Kooperation spielte zwischen 1992 und 1995 schließlich das 'South Centre', das 1990 an die Stelle der Süd-Kommission getreten war und auf vielen Gebieten (insbesondere dem der Reform der VN) entscheidend zur Ausarbeitung gemeinsamer Positionen und Strategien des Südens beitrug.[15]

2. Die zunehmende Differenzierung des Nordens

Daß die Industriestaaten des Nordens nicht mehr als in sich geschlossener Block gelten konnten, zeigte sich zwischen 1992 und 1995 wohl am deutlichsten im Bereich der Wirtschaft. Das geringe Wirtschaftswachstum der 80er Jahre hatte sich in den USA und in der Europäischen Gemeinschaft seit 1990 unverändert fortgesetzt, und auch Japan sah sich zunehmend mit wirtschaftlichen Problemen konfrontiert. Das Verhältnis der Industriestaaten zueinander war demzufolge (vor allem im Bereich der Hochtechnologie) von starkem Konkurrenzdenken geprägt. Daß es dennoch kaum zu Handelskriegen innerhalb dieser sogenannten 'Triade' kam, daß die „Gespenster ökonomischer Renationalisierung"[16] weitgehend verscheucht werden konnten, lag vor allem an dem unverändert großen Interesse der USA, Europas und Japans an einem multilateralen Welthandel wie ihn das GATT vorsah. Nur aus Furcht vor einem Scheitern der Uruguay-Verhandlungsrunde seien, so Schätzungen, rund 200 Handelskonflikte zwischen der EG und den USA unter Verschluß gehalten worden.[17]

Doch auch während der Ende 1993 abgeschlossenen GATT-Verhandlungen kam es (insbesondere im Agrarbereich und in Fragen des 'General Agreement on Trade in Services' GATS) zu zahlreichen Auseinandersetzungen zwischen den USA und Europa bzw. innerhalb der Europäischen Gemeinschaft.[18]

---

[14] Ebd., S. 32 (Absatz 104.).
[15] Vgl. *South Centre*: Enhancing the Economic Role of the United Nations. Genf 1992 und *South Centre*: Reforming the United Nations. A View from the South. Genf 1995.
[16] *Thomas Oppermann / Marc Beise*: GATT-Welthandelsrunde und kein Ende ? In: Europa-Archiv 1/1993, S. 1-11, dort S. 1.
[17] Vgl. ebd., S. 4.
[18] Vgl. ebd., S. 5f und 9.

Zunehmend unterschiedliche Standpunkte vertraten die Industriestaaten darüber hinaus in der Frage, wie sich der Norden gegenüber den Entwicklungsländern verhalten sollte. Die japanische Regierung beispielsweise übte heftige Kritik an der von IWF und Weltbank praktizierten Politik der Strukturanpassung bzw. an deren „undue faith in market mechanisms"[19]. Sie verwies in diesem Zusammenhang auf den positiven Einfluß, den die Regierungen Japans und der ostasiatischen Schwellenländer auf den Entwicklungsprozess ihrer Länder gehabt hätten und plädierte für eine nicht nur von Effizienzdenken, sondern auch von Fairness gegenüber den Entwicklungsländern bestimmte Politik.[20] Bedenken gegenüber dem vor allem von den USA propagierten neoliberalen Entwicklungsmodell äußerten Japan und Europa auch angesichts der vor allem durch internationale Finanzspekulationen verursachten Wirtschaftskrise Mexikos Ende 1994.[21]

Nicht quantitatives, sondern qualitatives Wachstum und eine stärkere Berücksichtigung sozialer Aspekte gegenüber reinen Stabilitätskriterien forderte schließlich sogar der Direktor des Internationalen Währungsfonds (IWF) *Camdessus*.[22] Auf der 50. Jahrestagung von IWF und Weltbank im September 1994 regte er deshalb an, allen IWF-Mitgliedstaaten deutlich mehr Sonderziehungsrechte zu genehmigen, um dadurch hochverschuldete Entwicklungsländer zu entlasten - ein Vorschlag, der vor allem von der Deutschen Bundesbank strikt abgelehnt wurde. Die Risse innerhalb der Industriewelt zeigten sich gerade auf dieser 50. Jahrestagung in Madrid sehr deutlich, denn das dominante Auftreten der G-7-Staaten, die Art, mit der sie den Entwicklungsländern ihre Bedingungen diktierten, riefen bei zahlreichen kleineren Industriestaaten Widerstand hervor. Und selbst innerhalb der G-7 kam es angesichts der Verhandlungsstrategie Deutschlands zu deutlicher Kritik vonseiten Kanadas, Frankreichs und Japans.[23] Die beiden letzten Staaten waren es auch, die der vom Vorsitzenden der Blockfreien-Bewegung *Suharto* auf dem Weltwirtschaftsgipfel in Tokio im Juli 1993 ausgesprochenen 'Einladung zum

---

[19] Far Eastern Economic Review vom 2. 3. 1992, S. 49, zitiert nach *Manfred Bienefeld*: The New World Order: echoes of a new imperialism. In: Third World Quarterly Vol. 15, 1/1994, S. 31-48, dort S. 46.
[20] Vgl. *Bienefeld* (Anm. 19), S. 46f.
[21] Vgl. *Viktor Sukup*: Japan, die „Tiger" Asiens und Lateinamerika. In: epd-Entwicklungspolitik 20/95, S. 25-28, dort S. 27.
[22] Vgl. die Rede *Michel Camdessus'* auf dem Weltsozialgipfel in Kopenhagen, abgedruckt in: epd-Entwicklungspolitik 7/8/95, S. s-t.
[23] Vgl. *Melchers* (Anm. 12).

Dialog'[24] folgten und eine gemeinsame Initiative zugunsten der Entwicklungsländer vereinbarten.[25]

Eine zunehmende Differenzierung des Nordens ließ sich jedoch nicht nur im Bereich der Wirtschaft, sondern auch in Fragen der kollektiven Sicherheit feststellen. Was beispielsweise die Diskussion um eine Erweiterung des Weltsicherheitsrates angeht, so befürworteten die USA eine Aufnahme Japans und Deutschlands in den Kreis der Ständigen Mitglieder, während sich Frankreich und Großbritannien grundsätzlich gegen eine Erweiterung aussprachen. Andere europäische Industriestaaten wie Dänemark, Deutschland, Italien, Niederlande, Norwegen oder Spanien vertraten wiederum die Ansicht, die Zahl der Mitglieder im Sicherheitsrat müsse erhöht werden, waren sich jedoch bezüglich des Vetorechts oder der Kriterien für eine Mitgliedschaft keineswegs einig.[26]

Ebenfalls zu Meinungsverschiedenheiten zwischen den Staaten des Nordens kam es während der Konferenz über eine Verlängerung des Nichtverbreitungsvertrags im Mai 1995. Von zahlreichen nicht über Kernwaffen verfügenden Industriestaaten wurde dort vor allem die Haltung Frankreichs kritisiert, das wie China „stark auf die Wahrung nationaler Gesichtspunkte bedacht"[27] war und deshalb keinerlei Dialogbereitschaft zeigte. Die Entscheidung Frankreichs, seine Atomtests im Südpazifik wiederaufzunehmen, ließ diese Kritik in einigen europäischen Staaten (wie Belgien, Dänemark, Irland und Österreich) schließlich sogar in offenen Protest umschlagen.[28]

Die Folgen der globalen Umweltbelastung und die Suche nach geeigneten Maßnahmen zu deren Reduzierung bildeten eine weitere Ursache für die sich verringernde Homogenität des Nordens und für die Entstehung neuer Koalitionen. Auslöser von

---

[24] *Suharto*: An Invitation to Dialogue; abgedruckt in: *Botschaft der Republik Indonesien* Press-Release Nr. 018/PR/PEN/VII/93 vom 16. Juli 1993; (gekürzte) deutsche Übersetzung in: Europa-Archiv 16/93, S. D 325- D 329.
[25] Vgl. Möglichkeiten zur Hilfe für die Entwicklungsländer. Eine gemeinsame Initiative Frankreichs und Japans, vereinbart beim Weltwirtschaftsgipfel in Tokio am 9. Juli 1993; abgedruckt in: Europa-Archiv 16/1993, S. D 329.
[26] Vgl. Schriftliche Stellungnahmen der Mitgliedstaaten der VN zu Resolution 47/62 der Generalversammlung ('Frage der ausgewogenen Vertretung und der Erhöhung der Zahl der Mitglieder im Sicherheitsrat'). In: UN-Doc. A/48/264 vom 20. Juli 1993, Zusammenfassung der Stellungnahmen in: Vereinte Nationen 5/1993, S. 173-175.
[27] *Joachim Krause*: Nichtverbreitung: Ringen um die Vertragsverlängerung. In: Vereinte Nationen 1/1995, S. 1-7, dort S. 3.
[28] Vgl. *Harald Müller*: Das Klima leidet. In: DIE ZEIT Nr. 26 vom 23. Juni 1995.

Kontroversen (während der Umweltkonferenz der VN in Rio de Janeiro oder der Welt-klimakonferenz in Berlin) war dabei vor allem das Problem der Treibhausgas-Emissionen in den Industriestaaten. Während sich beispielsweise die europäischen Staaten bereit er-klärten, ihren CO_2-Ausstoß auf dem Stand von 1990 einzufrieren und den Staaten der Dritten Welt zusätzliche finanzielle Hilfe zu gewähren, lehnten die USA jede bindende Verpflichtung ab. Zugleich kam es innerhalb Europas zu Spannungen, denn dort forder-ten nicht nur die Produzenten fossiler Brennstoffe, sondern auch die von einem Anstei-gen des Meeresspiegels unmittelbar betroffenen Küsten- und Inselstaaten eine Berück-sichtigung ihrer spezifischen Interessen[29] - zwei Konfliktlinien, die allerdings auch die Blockfreien-Bewegung durchliefen.[30]

3. Die Erfolge der Blockfreien - Beginn einer neuen Weltordnung ?

Wie zu Beginn dieses Kapitels bereits erwähnt, führten das geschlossenere Auftreten des Südens und die zunehmende Uneinigkeit des Nordens dazu, daß die Blockfreien in den drei Jahren nach der Gipfelkonferenz von Jakarta auf der internationalen Bühne eine Art Comeback feiern und in weltpolitischen Diskussionen allmählich wieder auf sich aufmerksam machen konnten.

Sehr viel entschlossener als in der Vergangenheit äußerten sich die Mitgliedstaaten der Bewegung etwa zu Fragen der internationalen Sicherheit. Was den Krieg in Bosnien-Herzegowina betrifft, so richtete der indonesische Präsident *Suharto* im Februar 1994 eine Botschaft an den Präsidenten des Sicherheitsrates, in der er die Position der Block-freien zur Lage in Bosnien-Herzegowina darlegte, für eine konsequente Umsetzung der bereits verabschiedeten Sicherheitsrats-Resolutionen plädierte und die Bereitschaft der Blockfreien betonte, „to assist ... in the realization of a just and lasting peace in that strife-torn country."[31] Nur wenige Wochen zuvor hatten die blockfreien Mitglieder des Sicherheitsrates (damals Pakistan, Nigeria, Oman, Dschibuti und Ruanda) gemeinsam

---

[29] Vgl. *Sebastian Oberthür*: Rio: kein Mißerfolg. In: Europa-Archiv 20/1992, S. 595-602, dort S. 596f.
[30] Vgl. *Marc Williams*: Re-articulating the Third World Coalition: the role of the environmental agenda. In: Third World Quarterly Vol. 14, 1/1993, S. 7-29, dort S. 22f.
[31] *Suharto*: Message ... regarding the current situation in the Republic of Bosnia and Herzegowina on 24 February 1994; abgedruckt in: *Botschaft der Republik Indonesien* Press-Release Nr. 04/PR/PEN/I/94 vom 1. März 1994, dort S. 3f; deutsche Übersetzung in: Europa-Archiv 7/1994, S. D 237f.

einen Resolutionsentwurf verfasst, in dem sie unter Androhung von Wirtschaftssanktionen den sofortigen Rückzug Kroatiens aus Bosnien-Herzegowina forderten.[32]

Ihr gestiegenes Selbstbewußtsein dürften die Blockfreien dabei auch aus der Tatsache gewonnen haben, daß einige ihrer langjährigen Forderungen zwischen 1992 und 1995 erfüllt und ihre Politik dadurch bestätigt wurde. Das Ende des Apartheid-Regimes in Südafrika[33], der allmähliche Rückzug der Israelis aus den besetzten Gebieten, die Unterzeichnung des START II-Vertrags zwischen USA und Rußland sowie der Abschluß der internationalen C- und B-Waffen-Übereinkommen können hierfür als Beispiele dienen.

Gerade im Bereich der Abrüstung ergriffen die Blockfreien verstärkt die Initiative. Im November 1993 beispielsweise planten sie, eine Resolution in die Generalversammlung der VN einzubringen, in der der Internationale Gerichtshof in Den Haag aufgefordert worden wäre, Atomwaffen für illegal zu erklären. Diese Initiative scheiterte zwar zunächst am massiven diplomatischen Druck der USA, Großbritanniens und Frankreichs[34], ein Jahr später jedoch wurde die Resolution in etwas abgewandelter Form verabschiedet.[35] Ebenfalls während der 49. Ordentlichen Tagung beschloss die Generalversammlung auf Betreiben der Blockfreien, 1997 die Vierte Sonder-Generalversammlung über Abrüstung einzuberufen.[36]

Als positiv für die Blockfreien-Bewegung und den Süden insgesamt läßt sich in gewisser Hinsicht auch die Tatsache werten, daß die Staaten des Nordens Sicherheit nicht mehr ausschließlich militärisch definierten[37], sondern verstärkt auf die Notwendigkeit hinwiesen, auch wirtschaftliche und soziale Konfliktursachen wie die „explosionsartige

---

[32] Vgl. Meldung der Nachrichtenagentur Agence France Presse vom 3. Februar 1994.

[33] Vgl. Resolution A/48/258 A, in der die Generalversammlung das Engagement der Blockfreien-Bewegung im Kampf gegen die Apartheid würdigt.

[34] Vgl. epd-Entwicklungspolitik 4/1994, S. 7.

[35] Vgl. Resolution A/49/75 K, in der der Internationale Gerichtshof (IGH) in Den Haag beauftragt wird, ein Gutachten zu dieser Frage zu erstellen; vgl. auch: Vereinte Nationen 3/1995, S. 113. Zum weiteren Verlauf des aus dieser Initiative entstandenen sogenannten 'World Court Projects' sowie zu dem am 8. Juli 1996 vom IGH gefällten Richterspruch vgl. *Dieter Deiseroth*: Haager Votum gegen Atomwaffen. In: Blätter für deutsche und internationale Politik, 9/1996, S. 1045-1050.

[36] Vgl. Resolution A/49/751; zum Verlauf der ersten drei Sondertagungen und zur von den Blockfreien bereits 1961 gestellten Forderung nach einer Weltabrüstungskonferenz vgl. *Otto Kimminich*: Abrüstung. In: *Rüdiger Wolfrum* (Hrsg.): Handbuch Vereinte Nationen. München 1991, S. 9-16, dort S. 11f.

[37] Vgl. zum Beispiel *Friedemann Müller*: Internationale Konflikte durch Umweltgefährdung. In: Europa-Archiv 16/1993, S. 471-480 oder *Peter J. Opitz*: Droht der große Marsch gen Norden? Flüchtlingsströme und Völkerwanderungen. In: *Volker Matthies* (Hrsg.): Kreuzzug oder Dialog. Die Zukunft der Nord-Süd-Beziehungen. Bonn 1992, S. 90-106.

Zunahme der Weltbevölkerung, die Armut vor allem in der südlichen Hemisphäre, eine immer ungleichere Verteilung der weltwirtschaftlichen Gewichte (und) die Verschwendung der natürlichen Ressourcen"[38] zu bekämpfen. Gerade im Bereich der Umwelt erwuchs den Blockfreien aus diesem Verständniswandel eine verbesserte Verhandlungsposition gegenüber den Industriestaaten. Diese mußten nämlich erkennen, daß „either no action can be taken without Southern consent or agreement reached in the absence of Southern participation will be ineffective."[39] Zugleich führte die Ausweitung des Sicherheitsbegriffs allerdings auch dazu, daß der Süden insbesondere in den westlichen Industriestaaten zunehmend als Sicherheitsrisiko oder gar als Bedrohung für die christlich-abendländische Zivilisation betrachtet wurde[40], was die Dialog- und Kompromißbereitschaft des Nordens jedoch wieder verringerte.

Deutlichere „Erfolge" verzeichneten die Blockfreien dann auch auf dem Gebiet der Wirtschaft. Der sowohl in den Dokumenten von Jakarta als auch in Resolution 48/165 der Generalversammlung geforderte Nord-Süd-Dialog beispielsweise kam dank der engen diplomatischen Beziehungen zwischen Indonesien und Japan (das sich vor allem in wirtschaftlichen Fragen wieder verstärkt seinen asiatischen Nachbarn zuwandte[41]) nach 1992 allmählich in Gang. Vor allem während des Weltwirtschaftsgipfels in Tokio (Juli 1993), aber auch in Neapel (Juli 1994) und Halifax (Juni 1995) bemühte sich Japan, zwischen den Interessen der Blockfreien und denen der G-7-Staaten zu vermitteln. Mit Ausnahme eines von den westlichen Gläubiger-Staaten (dem sogenannten 'Pariser Club') vereinbarten Schuldenerlasses für sechs der meistverschuldeten Entwicklungsländer[42] kam es dabei zwar zunächst nicht zu konkreten Ergebnissen, die bereits erwähnte Initiative Japans und Frankreichs (das sich außerdem wie Norwegen und Dänemark für eine

---

[38] *Richard von Weizsäcker*: UN-Reform als Vorbereitung auf die nächsten 50 Jahre. In: Vereinte Nationen 5-6/1995, S. 179-183, dort S. 179.
[39] *Williams* (Anm. 30), S. 26.
[40] Vgl. oben, Seite 57f und *Samuel P. Huntington*: The Clash of Civilizations ? In: Foreign Affairs Summer 1993, S. 22-49.
[41] Vgl. *Georg Blume*: Die Führungsmacht, die ungern führt. In: ZEIT-Punkte Nr. 4/1995, S. 34-35.
[42] Vgl. Dokumente der Außenministerkonferenz des Koordinationsbüros in Bandung (Anm. 5), S. 26 (Absatz 85.).

Besteuerung des internationalen Kapitalverkehrs durch die sogenannte 'Tobin-Steuer' aussprach, deren Erlös den Entwicklungsländern zugute kommen sollte[43]) und die zunehmende Kritik an IWF und Weltbank ließen jedoch bei einigen Industriestaaten einen Bewußtseinswandel erkennen.

Daß die „soziale Frage", das heißt die Folgen von Unterentwicklung und Armut in der Dritten Welt in den Jahren von 1992 bis 1995 kontinuierlich auf der internationalen Tagesordnung blieben, kann als weiteres Verdienst der Blockfreien und anderer Staaten des Südens gelten. Auf dem explizit zu diesem Thema einberufenen Weltsozialgipfel im März 1995 wurden zwar weder die bestehende Weltwirtschaftsordnung in Frage gestellt noch verbindliche Beschlüsse gefasst, die in Kopenhagen verabschiedeten zehn „Verpflichtungen" lassen sich angesichts der Forderungen nach Schuldenerlass und verstärkter sozialer Abfederung der Strukturanpassungsprogramme von IWF und Weltbank jedoch durchaus „als Eingeständnis des Scheiterns gängiger neoliberaler Wirtschaftskonzepte"[44] interpretieren.

Auch bei den 1993 und 1994 stattfindenden Konferenzen der VN über Menschenrechte und Bevölkerungswachstum gelang es den Blockfreien und der 'Gruppe der 77', die Wechselbeziehungen zwischen dem jeweiligen Thema und wirtschaftlicher Entwicklung in den Vordergrund zu stellen. Was in Rio de Janeiro zum Konzept des 'sustainable development' geführt hatte, äußerte sich so in Wien und Kairo in der Bestätigung des Rechts auf Entwicklung[45] bzw. in der Forderung, die Lebensqualität aller Menschen zu steigern.[46]

Die Weltmenschenrechtskonferenz in Wien stellte aus der Sicht vieler blockfreier Staaten aber auch deshalb einen Erfolg dar, weil die von den westeuropäischen Staaten geforderte universelle Geltung der Menschenrechte dort erstmals etwas relativiert wurde. So heißt es in Absatz 5 der 'Wiener Erklärung': „*Zwar ist die Bedeutung nationaler und regionaler Besonderheiten und unterschiedlicher historischer, kultureller und religiöser*

---

[43] Vgl. *Peter Bosse-Brekenfeld*: Der Mensch im Zentrum ? Weltsozialgipfel: Große Deklaration - magerer Aktionsplan. In: epd-Entwicklungspolitik 7/8/95, S. 17-20, dort S. 18 und *Jens Martens*: Weltsozialgipfel .. In: Vereinte Nationen 3/1995, S. 118-119, dort S. 119.
[44] *Bosse-Brekenfeld* (Anm. 43), S. 18.
[45] Vgl. *Rüdiger Wolfrum*: Die Entwicklung des internationalen Menschenrechtsschutzes. Perspektiven nach der Weltmenschenrechtskonferenz von Wien. In: Europa-Archiv 23/1993, S. 681-690.
[46] Vgl. *Ansgar Skriver*: Bevölkerung und Entwicklung ... In: Vereinte Nationen 5/1994, S. 180f.

Voraussetzungen im Auge zu behalten, aber es ist die Pflicht der Staaten, ohne Rücksicht auf ihr jeweiliges politisches, wirtschaftliches und kulturelles System alle Menschenrechte und Grundfreiheiten zu fördern und zu schützen."[47] Die auch von den Blockfreien grundsätzlich anerkannte Universalität der Menschenrechte wurde dadurch nicht in Frage gestellt, doch setzte sich in einigen Staaten des westlichen Kulturkreises allmählich die Erkenntnis durch, daß bei „der Entwicklung neuer Menschenrechtsstandards ... kulturelle und historische Besonderheiten sowie die religiösen Rahmenbedingungen zu berücksichtigen sein (werden), sollen neue Standards wirklich universelle Akzeptanz erlangen" und „daß Gruppen- und Familienbindungen in anderen Kulturkreisen einen Eigenwert haben, der Abstriche bei den Individualrechten erfordert."[48] Ebenfalls Konsequenzen für die Industriestaaten dürfte die ausdrückliche Bestätigung des Rechts auf Entwicklung haben. Dieses wurde zwar in Wien, entgegen der Konzeption vieler Entwicklungsländer[49], weiterhin nicht als Staaten-, sondern als Individualrecht betrachtet, das von den westlichen Industriestaaten proklamierte Recht auf Intervention im Falle gravierender Menschenrechtsverletzungen läßt sich in diesem Fall allerdings auch als Pflicht der Staatengemeinschaft interpretieren, das Recht auf Entwicklung mittels wirtschaftlicher und finanzieller Hilfe zu schützen.[50]

Zu einer breiten Diskussion über Entwicklungsthemen kam es schließlich auch im Rahmen der 'Agenda für Entwicklung', die von der Generalversammlung der Vereinten Nationen in Resolution 47/181 vom 22. Dezember 1992 gefordert worden war. Ziel dieser 'Agenda für Entwicklung' sollte nach Ansicht der Blockfreien und anderer Staaten des Südens sein, der Entwicklungsarbeit der VN, die in den vorangegangenen Jahren zugunsten der Friedenssicherung vernachlässigt worden war, mehr Gewicht zu geben, die Ergebnisse der Konferenzen von Rio de Janeiro, Wien, Kairo, Kopenhagen und Peking zusammenzufassen und daraus „recommendations on ways to enhance the role of

---

[47] 'Wiener Erklärung und Aktionsprogramm', UN Doc. A/CONF.157/23 vom 12. Juli 1993; abgedruckt in: *Deutsche Gesellschaft für die Vereinten Nationen* (Hrsg.): Gleiche Menschenrechte für alle (DGVN-Texte 43). Bonn 1994, S. 13-46; Hervorhebung der Verfasserin.
[48] *Wolfrum* (Anm. 45), S. 689.
[49] Vgl. die Schlußdokumente der Regionaltreffen für Afrika, Asien und Lateinamerika und Karibik in der Vorbereitungsphase der Menschenrechtskonferenz, abgedruckt in: *Deutsche Gesellschaft für die Vereinten Nationen* (Hrsg.): Gleiche Menschenrechte ... (Anm. 47), S. 47-63 und *Eibe Riedel*: Recht auf Entwicklung (und Drittgenerationsrechte). In: *Wolfrum* (Hrsg.): Handbuch ... (Anm. 36), S. 657-663.
[50] Vgl. *Wolfrum*: Die Entwicklung ... (Anm. 45), S. 684f.

the United Nations and the relationship between the United Nations and the Bretton Woods institutions in the promotion of international cooperation for development"[51] abzuleiten. Im Bericht *Boutros-Ghalis*, dessen endgültige Fassung der Generalversammlung schließlich erst im November 1994 präsentiert wurde, stellte der Generalsekretär der VN dann auch fest: „ ...development should be recognized as the foremost and most far-reaching task of our time. (...), the emerging consensus on the priority and dimensions of development should find expression in a new framework of international cooperation."[52] Wie dieser neue Rahmen aussehen sollte, dazu blieben *Boutros-Ghalis* Empfehlungen jedoch eher vage. Unklar, so die Kritik vieler Entwicklungsländer, sei beispielsweise die Verteilung der Entwicklungsaufgaben der VN auf die einzelnen multinationalen Organisationen und insbesondere das Verhältnis zwischen den VN und den Bretton Woods-Institutionen. In einer früheren Fassung der 'Agenda' hatte *Boutros-Ghali* in diesem Zusammenhang noch einen 'Wirtschaftssicherheitsrat' geplant, der erstmals in der Geschichte der Vereinten Nationen IWF und Weltbank kontrollieren sollte.[53] Am Ende plädierte er jedoch lediglich für eine Reform des bestehenden Wirtschafts- und Sozialrates (ECOSOC), dessen Aufgabenbereich etwas erweitert und der von einem „expanded bureau, meeting intersessionally to focus the work of the Council" sowie einem „council of international development advisers" unterstützt werden sollte.[54] Was die Bretton Woods-Institutionen angeht, so war schließlich nur noch von einer verbesserten Zusammenarbeit und Koordinierung mit den Finanzorganisationen die Rede.[55]

Positiv beurteilten die Blockfreien und die 'Gruppe der 77' dagegen die Forderungen *Boutros-Ghalis* nach einem sofortigen und vollständigen Schuldenerlass gegenüber den ärmsten Ländern sowie nach internationalen Konferenzen zu den Themen 'Abrüstung und Entwicklung' und 'Finanzierung von Entwicklung'.[56] Alles in allem hat die 'Agenda für Entwicklung' die in Resolution 47/181 geäußerten Erwartungen mit Sicherheit nicht

---

[51] Text der Resolution A/47/181, abgedruckt in *Boutros Boutros-Ghali*: An Agenda for Development. New York 1995, S. 109-110, dort S. 110.
[52] *Boutros-Ghali*: An Agenda ... (Anm. 51), S. 84.
[53] Vgl. *Thomas Schuler*: UN: Debatte um Entwicklungsagenda. In: epd-Entwicklungspolitik 23/24/94, S. 4f.
[54] Vgl. *Boutros-Ghali* (Anm. 51), S. 91f (Absätze 43-48).
[55] Vgl. ebd., S. 92-94 (Absätze 49-56).
[56] Vgl. ebd., S. 88, 89 und 90 (Absätze 27, 33 und 37).

erfüllt, die Tatsache, daß die Probleme und Bedürfnisse der Entwicklungsländer auf der weltpolitischen Tagesordnung weit nach oben gerückt und von keinem Industriestaat mehr zu ignorieren sind, kann aus der Sicht des Südens jedoch durchaus als Fortschritt gelten.

Dies gilt auch für die allgemeine Diskussion um eine Reform der Vereinten Nationen, die vor allem im Jubiläumsjahr 1995 durch zahlreiche Studien und Berichte angeregt wurde.[57] Die meisten der dort abgegebenen konkreten Empfehlungen entsprachen zwar nicht den Vorstellungen des Südens[58], über die Notwendigkeit, die wirtschaftliche und soziale Entwicklungsarbeit der VN gegenüber der Friedenssicherung aufzuwerten, herrschte jedoch weitgehend Einigkeit. Und auch im Hinblick auf eine Umstrukturierung des Weltsicherheitsrates schien sich trotz der ablehnenden Haltung einiger europäischer Staaten und der USA allmählich die Erkenntnis durchzusetzen, daß eine Erweiterung des Sicherheitsrates unumgänglich und die Dritte Welt dabei zu berücksichtigen sei. Die radikalen Vorschläge der US-Regierung, die einzelne Institutionen der VN (wie beispielsweise die UN Conference on Trade and Development oder die UN Industrial Development Organization) komplett abschaffen, zahlreiche Programme zusammenfassen und drastische Mittelkürzungen vornehmen wollte[59], fanden dann auch kaum mehr Unterstützung. Selbst zahlreiche Industriestaaten kritisierten die USA vielmehr für deren schlechte Zahlungsmoral und bewußte Zurückhaltung von Beiträgen. Der dänische Außenminister etwa nannte es „paradox, daß ausgerechnet die, die die UN wegen mangelnder Effizienz kritisieren, oft ihre finanziellen Verpflichtungen nicht erfüllen."[60]

Insgesamt betrachtet verlief die weltpolitische Entwicklung aus der Sicht des Südens zwischen 1992 und 1995 also deutlich positiver als während der drei vorangegangenen

---

[57] Vgl. zum Beispiel *Erskine Childers / Brian Urquhart*: Renewing the United Nations System. Uppsala 1994; *International Commission on Peace and Food*: Uncommon Opportunities: An Agenda for Peace and Equitable Development. 1994; *Independent Working Group on the Future of the United Nations*: The United Nations in its Second Half-Century. New York 1995; *Commission on Global Governance*: Our Global Neighbourhood. 1995.

[58] Vgl. *South Centre*: Reforming the United Nations. A View from the South. Genf 1995 und Artikelserie zur Reform der VN in: World Focus Vol. 16, Nr. 9/1995, S. 3-21.

[59] Vgl. *Jens Martens*: USA wollen radikale Umstrukturierung der UNO. In: epd-Entwicklungspolitik 18/19/95, S. 8f.

[60] Zitiert nach *Thomas Schuler*: Jubiläum: UNO vor der Pleite. In: epd-Entwicklungspolitik 20/95, S. 5-6, dort S. 6.

Jahre. Der sich auf vielen Gebieten andeutende Bewußtseinswandel der Industriestaaten war zwar mit Sicherheit nicht das alleinige Verdienst der Blockfreien, doch scheint es angesichts deren sehr viel entschlosseneren und engagierteren Auftretens auf der internationalen Bühne durchaus berechtigt, von einem Comeback der Bewegung zu sprechen.

Die „Erfolge" der Blockfreien erlauben es dennoch nicht, den Beginn einer neuen, die Belange der militärisch und wirtschaftlich schwachen Staaten berücksichtigenden Weltordnung zu verkünden. Immer dann nämlich, wenn es nicht mehr nur um die Formulierung hehrer Prinzipien, sondern um deren praktische Umsetzung ging, rückten die nationalen Interessen der Industriestaaten wieder eindeutig in den Vordergrund.[61]

Sehr deutlich zeigte sich dies im Verlauf der Uruguay-Verhandlungsrunde des GATT, deren Abschluß von den Industriestaaten als „Markstein der Weltwirtschaftsgeschichte"[62], von den meisten Entwicklungsländern dagegen als „GATTastrophe"[63] betrachtet wurde. Tatsache ist, daß die von den OECD-Staaten (mittels eines äußerst harten Verhandlungsstils) durchgesetzte weitere Liberalisierung des Welthandels in erster Linie ihnen selbst zugute kommt und die Kluft zwischen Arm und Reich weiter vergrößert. Der Standpunkt der Industriestaaten, wonach Handel wichtiger als Hilfe sei, erscheint angesichts der Tatsache, daß über 70 % der durch das wachsende Welthandelsvolumen zu erwartenden Mehreinnahmen auf diese selbst entfallen, wenig glaubhaft. Hinzu kommt, daß den armen Staaten des Südens angesichts der vereinbarten Reduktion der Zollsätze zwar große Opfer abverlangt wurden, die Industriestaaten im Gegenzug jedoch kaum zur Abschaffung ihrer Importrestriktionen oder ihrer Subventionspolitik (etwa im Textil- oder Agrarbereich) bereit waren.[64] Aus der Sicht der Entwicklungsländer ist dem Westen mit dem GATT-Abkommen somit gelungen, „was ihm selbst in der Kolonialzeit versagt war: Die Religion des Marktes und Geldes weltweit durchdringen zu lassen,

---

[61] Nicht die geringste Dialogbereitschaft vonseiten der Industriestaaten erkennen beispielsweise *S. Viswam*: G-7 and Third World. In: World Focus Vol. 16, 6/1995, S. 21-23 und *Girish Mishra*: Prospects of North-South Dialogue. In: World Focus Vol. 15, 2/1994, S. 6-8.
[62] *Roland Wartenweiler*: Ein Markstein der Weltwirtschaftsgeschichte. Zum Verhandlungsabschluß der Uruguay-Runde. In: Vereinte Nationen 3/1994, S. 87-92.
[63] *Asit Datta*: Viele Verlierer. Mit dem freien Welthandel in die GATTastrophe. In: epd-Entwicklungspolitik 7/8/94, S. 17-20.
[64] Vgl. ebd. und *Bernhard May*: Der erfolgreiche GATT-Abschluß - ein Pyrrhussieg? In: Europa-Archiv 2/1994, S. 33-42, dort S. 37 und 39.

eigene vorteilhafte Positionen auszubauen (und) die Kluft zwischen Arm und Reich zu vergrößern ... .«[65]

Ähnlich negative Erfahrungen mußten die Blockfreien auch auf der Konferenz über die Verlängerung des Nichtverbreitungsvertrags machen, denn auch dort fanden ihre Positionen[66] kaum Berücksichtigung. Die meisten Mitgliedstaaten der Bewegung hatten sich im Vorfeld der Konferenz gegen eine unbefristete Verlängerung des Vertrags ausgesprochen[67], da die Vorrechte der über Atomwaffen verfügenden Staaten dadurch für alle Zeit legalisiert würden, die Nichtatomwaffenstaaten dagegen ihren „Hebel" verlören, auf die Realisierung der ebenfalls im Vertrag enthaltenen Abrüstungsverpflichtung zu drängen. Darüber hinaus plädierten die Mitgliedstaaten der Bewegung für die Schaffung atomwaffenfreier Zonen[68], für ein sofortiges Ende der Atomversuche und einen weltweiten Produktionsstopp von waffenfähigem Material. Was die beiden letzten Punkte angeht, so erklärten sich die Atommächte zwar zu baldigen Verhandlungen bereit, alle anderen Forderungen scheiterten jedoch am massiven diplomatischen Druck der USA.[69] Die am Ende ohne Abstimmung getroffene Entscheidung, den Nichtverbreitungsvertrag unbefristet zu verlängern, beruhte schließlich in erster Linie auf „power, not principle"[70] - eine Einschätzung, die sich angesichts der Ankündigung Frankreichs, seine Atomwaffentests wieder aufzunehmen, schon kurze Zeit nach der Konferenz bestätigen sollte.

---

[65] *Datta* (Anm. 63), S. 20.
[66] Vgl. das Positionspapier der Blockfreien-Bewegung UN Doc. NPT/CONF.1995/PC./III/3 (Document on Substantive Issues Submitted by Indonesia on Behalf of the Group of Non-Aligned and Other States) vom 14. September 1994.
[67] Besonders entschlossen traten in New York in diesem Zusammenhang die blockfreien Staaten Venezuela, Ägypten, Nigeria, Tansania, Uganda, Zimbabwe, Iran, Malaysia und Indonesien auf.
[68] Einen eigenen Resolutionsentwurf präsentierten die arabischen Staaten unter Führung Ägyptens, die (mit Blick auf Israel) die Schaffung einer atomwaffenfreien Zone im Nahen Osten forderten.
[69] Zum Verlauf der Konferenz vgl. *Harald Müller*: Historische Entscheidung ? Zur Verlängerung des Atomwaffensperrvertrages. In: epd-Entwicklungspolitik 14/15/95, S. t-z2; *Matthias Dembinski*: Nichtverbreitungsvertrag ... In: Vereinte Nationen 3/1995, S. 114-116 und NPT Becomes Permanent (ohne Autorenangabe). In: World Focus Vol. 16, 5/1995, S. 12.
[70] The Non-Aligned are Bitter (ohne Autorenangabe). In: World Focus Vol. 16, 5/1995, S. 13.

Kapitel 7

Die elfte Gipfelkonferenz der Blockfreien-Bewegung in Cartagena

(14. - 20. Oktober 1995)

1. Der diplomatische Kontext der Konferenz[1]

Die Tatsache, daß die Anliegen und Probleme der Blockfreien und anderer Entwicklungsländer zwischen 1992 und 1995 zwar häufiger und intensiver diskutiert worden waren als in den Jahren zuvor, diese Gespräche und Konferenzen jedoch kaum zu konkreten Ergebnissen geführt hatten, ließ bei zahlreichen Mitgliedstaaten ein Gefühl der Resignation und der Unsicherheit bezüglich zukünftiger Themenschwerpunkte und Strategien der Bewegung entstehen. Die 95 in Cartagena anwesenden Delegationen (davon ca. 50 unter der Leitung der Staats- oder Regierungschefs) waren dann auch mit ganz unterschiedlichen Forderungen und Erwartungen zu diesem elften Gipfeltreffen gekommen und nicht nur der syrische Außenminister *Faruk Schara* hielt es angesichts der Vielzahl nationaler Probleme und Interessenlagen für das vorrangige Ziel, „eine offene Konfrontation zu vermeiden".

Auch *Boutros Boutros-Ghali*, der in seiner Rede die Blockfreien dafür würdigte, daß sie der Welt „eine neue Perspektive gezeigt" und politische Probleme unter ethischen Gesichtspunkten betrachtet hätten, sprach nur vage von „neuen Aufgaben", die das Ende des Ost-West-Konflikts ihnen zuweise.

Deutliche Unterstützung erhielten die Blockfreien bereits im Vorfeld der Konferenz von Rußland, das der Bewegung eine enge Zusammenarbeit in ihren Bemühungen für Sicherheit und „gegenseitigen Respekt in den internationalen Beziehungen" anbot und eine hochrangige Beobachterdelegation nach Kolumbien entsandte.

Ganz anders verhielten sich dagegen die USA, deren Botschafter in Bogotá die kolumbianische Regierung schon lange vor der Gipfelkonferenz vor einer Verschlechterung der von der Drogenproblematik überschatteten, gespannten bilateralen Beziehungen warnte, sollte Kolumbien bis 1998 den Vorsitz der Bewegung übernehmen.

---

[1] Vgl. Meldungen und Korrespondentenberichte der Nachrichtenagenturen Deutsche Presseagentur, Reuters, Associated Press und Agence France Presse vom 14., 18. und 19. Oktober 1995.

Die von den organisierten Drogenkartellen sowie von diversen Guerilla-Gruppen ausgehenden Gefahren führten schließlich auch dazu, daß die elfte Gipfelkonferenz unter strengsten Sicherheitsvorkehrungen stattfand und Cartagena für einige Tage geradezu in eine Festung verwandelt wurde.

2. Die Diskussion[2]

Nicht nur die bilateralen Spannungen zwischen Gastgeber Kolumbien bzw. Kuba und den USA, sondern auch die zunehmende Unzufriedenheit vieler blockfreier Staaten mit der Entwicklung der internationalen Beziehungen veranlassten einige Redner in Cartagena, gegenüber den Vereinigten Staaten und anderen Industriestaaten schärfere Formulierungen zu wählen als drei Jahre zuvor in Jakarta.

Der kolumbianische Außenminister *Rodrigo Pardo* betonte zwar schon vor Beginn der Konferenz die Dialog- und Kooperationsbereitschaft der Blockfreien-Bewegung, machte kurz darauf jedoch klar, daß „Nötigung oder Interventionismus" nicht akzeptiert würden. Präsident *Ernesto Samper*, gegen den zu dieser Zeit bereits ein Parlamentsausschuß wegen des Verdachts ermittelte, er habe seinen Wahlkampf 1994 mit Geldern der Drogenmafia finanziert, hielt sich dagegen mit Kritik zurück und forderte stattdessen eine stärkere wirtschaftliche und soziale Ausrichtung der Bewegung, die er zu einem Nord-Süd-Diskussionsforum umformen wolle.

Die wohl größte Aufmerksamkeit zog (einmal mehr) *Fidel Castro* auf sich, der die fortgesetzte Rüstungsproduktion der Industriestaaten anprangerte und den Sicherheitsrat der VN als „Gremium der größten Waffenproduzenten" bezeichnete, das hinter dem Rücken des VN-Generalsekretärs operiere. *Castro* forderte in diesem Zusammenhang die Erweiterung des Sicherheitsrates um jeweils zwei Sitze für Lateinamerika, Afrika und Asien sowie die Beschränkung des „absurden Veto-Rechts der USA". Außerdem verglich er das Auftauchen „ultrarechter Gruppen" in den USA mit der Situation Deutschlands unmittelbar vor dem Zweiten Weltkrieg und warf den Industriestaaten vor, sie wollten die armen Staaten in die „wirtschaftliche Zwangsjacke" des freien Handels und der Privatisierung stecken.

---

[2] Redeauszüge in Meldungen und Korrespondentenberichten der Nachrichtenagenturen Deutsche Presseagentur, Reuters und Associated Press vom 14., 18. und 19. Oktober 1995.

Auch *Suharto* wehrte sich in seiner Abschiedsrede als Vorsitzender der Bewegung gegen die wirtschaftliche Bevormundung und den Interventionismus der Industriestaaten, die Handelsbeziehungen immer häufiger an Auflagen im Bereich des Umweltschutzes, der Arbeitsverhältnisse oder der Menschenrechte knüpften. Er forderte darüber hinaus erneut eine endgültige Lösung des Schuldenproblems sowie eine demokratische Reform der Weltbank und des Internationalen Währungsfonds.

Die eher „leisen" Töne einiger Rednerinnen und Redner wie beispielsweise *Benazir Bhuttos*, die angesichts zahlreicher Konflikte in und zwischen Mitgliedstaaten der Bewegung für die Ausarbeitung eigener Mechanismen zur friedlichen Konfliktbewältigung und eine weltweite Reduzierung der Rüstungsausgaben plädierte, gingen in den verbalen Attacken gegen den Westen in Cartagena weitgehend unter.

3. Dokumente und Beschlüsse der elften Gipfelkonferenz

Die Dokumente des elften Gipfeltreffens der Blockfreien-Bewegung[3] setzen sich wie schon in Belgrad und Jakarta aus einer kurzen, hier 'The Call from Colombia' genannten Zusammenfassung der Konferenzergebnisse und dem Hauptteil zusammen, der in fünf Abschnitte (Introduction, Global Issues, Political Issues, Economic Issues, Social Issues) gegliedert ist und sich auf 80 Seiten erstreckt. Nach Angaben der Nachrichtenagentur Associated Press[4] enthielt der von der kolumbianischen Regierung erstellte Dokumentenentwurf zahlreiche bereits auf der zehnten Gipfelkonferenz in Jakarta vorgelegte Entschließungsvorschläge.

3.1. Mitgliedschaft und Institutionalisierung

Wie schon 1992 in Jakarta, so kam es in der Frage der Aufnahme neuer Mitglieder auch in Cartagena zu Unstimmigkeiten. Während die Anträge Turkmenistans und Eritreas keine Probleme bereiteten, standen sich im Fall Bosniens islamische Staaten unter der Führung Irans und Saudi-Arabiens und afrikanische Blockfreie, insbesondere

---

[3] Vgl. die über die Botschaft Kolumbiens in Bonn zu beziehenden Dokumente mit dem Titel 'XI Cumbre de Paises No Alineados'. Alle in diesem Kapitel angegebenen Seitenzahlen beziehen sich auf diese Dokumentenausgabe.
[4] Meldung vom 20. Oktober 1995.

Zimbabwe gegenüber. Letztere lehnten eine Mitgliedschaft Bosniens ab, da sie eine Diskriminierung der übrigen Territorien Ex-Jugoslawiens befürchteten und zum Teil enge Kontakte zu Serbien unterhielten. So gelang es dem bosnischen Außenminister *Muhamed Sacirbey* zwar, im Verlauf der Konferenz mit sieben blockfreien Staaten diplomatische Beziehungen zu vereinbaren, der Antrag Bosniens auf Mitgliedschaft wurde am Ende jedoch abgelehnt. Ebenso erging es Costa Rica und Japan, das lediglich als Beobachter aufgenommen werden wollte. In beiden Fällen verhinderten arabische Staaten, darunter Syrien, eine positive Entscheidung, da sich die Botschaften Costa Ricas und Japans in Israel nicht in Tel Aviv, sondern in Jerusalem befinden. Die japanische Delegation reiste daraufhin verärgert ab.[5]

Tabelle 4

Übersicht der Beitritte zwischen 1986 und 1995

Asien und Pazifischer Ozean	Arabische Staaten und Nordafrika	Afrika südlich der Sahara	Europa	Mittel- und Südamerika
Brunei Mongolei Papua-Neuguinea Philippinen Usbekistan Birma (Myanmar) Thailand Turkmenistan		Südafrika Eritrea		Venezuela Guatemala Chile Honduras *Austritt Argentiniens*

Summe 1996: 114 Mitgliedstaaten

Angesichts dieser Streitigkeiten und der Tatsache, daß die noch aus der Zeit des Kalten Krieges stammenden Kriterien für eine Mitgliedschaft nach dem Ende des Ost-West-Konflikts größtenteils obsolet geworden waren, wurde das seit 1988 bestehende 'Methodologie-Komitee' in Cartagena aufgefordert, möglichst rasch neue Kriterien für die Aufnahme von Vollmitgliedern und Beobachtern zu erarbeiten. Außerdem einigte man sich auf die Einführung eines Rotationssystems, das den Vorsitz dieses Komitees alle drei Jahre auf einen anderen Mitgliedstaat übertragen und so „a new impetus to improving further the working methods and efficiency of the Movement" geben sollte (S. 9).

---

[5] Vgl. Meldungen der Nachrichtenagenturen Deutsche Presseagentur, Reuters und Agence France Presse vom 17. und 20. Oktober 1995.

Als Schwerpunkte der seit 1989 immer wieder thematisierten institutionellen Reform der Bewegung wurden auf der elften Gipfelkonferenz erneut eine bessere Koordination der Positionen einzelner Mitgliedstaaten und die Stärkung des internen Zusammenhalts (S. 8), erstmals aber auch eine höhere Glaubwürdigkeit durch mehr „ethical, political and moral strength" (S. 5) genannt. Eingehend gewürdigt wurde in diesem Zusammenhang die sich 1995 zum vierzigsten Mal jährende Konferenz von Bandung, „which gave birth to the principles of Non-Alignment and the peaceful coexistence among States having different economic and political systems." (S. 7) Die Blockfreien sollten sich außerdem möglichst bald auf eine gemeinsame Definition der „characteristics of the New International Order to be based on justice, equality and democracy in international relations" sowie auf eine einheitliche Strategie zu deren Verwirklichung einigen (S. 8). Die Vertreter der Mitgliedstaaten wiesen dabei, wie schon in Jakarta, dem Koordinationsbüro der Bewegung in New York eine zentrale Rolle zu. Mehrere Initiativen Indonesiens, die auf dessen Stärkung zielten (so beispielsweise die Einrichtung verschiedener Arbeitsgruppen, Sondertreffen auf Ministerialebene zu spezifischen Fragen oder die verbesserte Zusammenarbeit mit dem Blockfreien- 'Caucus' im Sicherheitsrat der VN) wurden deshalb in den Dokumenten von Cartagena ausdrücklich begrüßt (S. 8). Ebenso als Erfolg wertete man die mit der Verabschiedung der Terms of Reference vollzogene Bildung des 'Joint Coordinating Committees' zwischen den Blockfreien und der 'Gruppe der 77' (S. 9).

Auf der elften Gipfelkonferenz wurde dann auch in erster Linie eine Fortsetzung und Intensivierung dieser Initiativen beschlossen, Neuerungen gab es lediglich in Form zweier Expertenausschüsse, die unter Berücksichtigung der Ergebnisse der 'South Commission' geeignete Verhandlungsstrategien der Entwicklungsländer gegenüber den Industriestaaten bzw. Vorschläge für eine verbesserte Zusammenarbeit mit der 'Gruppe der 77' sowie mit regionalen und subregionalen Organisationen ausarbeiten sollten (S. 44).

Im Hinblick auf das 35jährige Jubiläum der Bewegung einigten sich die Blockfreien darüber hinaus, ihre zwölfte Außenministerkonferenz bereits im September 1996 abzuhalten (S. 8f). Um die Austragung der zwölften Gipfelkonferenz 1998 und den damit verbundenen dreijährigen Vorsitz der Bewegung bewarb sich Südafrika.[6]

---

[6] Vgl. Meldung der Nachrichtenagentur Associated Press vom 20. Oktober 1995.

3.2. Programmatik

Wie in den während der Konferenz gehaltenen Reden brachten die Vertreter der blockfreien Staaten auch in den Abschlußdokumenten von Cartagena deutlich ihre Unzufriedenheit mit der weltpolitischen Entwicklung seit 1989 zum Ausdruck. Im 'Call from Colombia' beispielsweise heißt es:

> „ ... we note with concern the progressive evaporation of the expectations created following the end of the Cold War. The problems we have faced for a long time, which we expected to be gradually overcome with the easing of the bipolar confrontation, are now, to a large extent, more apparent and acute than before. Although it is stated that the general economic situation has recovered markedly, in many cases, this improvement has benefited only a few who accumulated excessive amounts of wealth and power ...“ (S. 1)

Die Enttäuschung der Mitgliedstaaten und die damit verbundene Kritik an den Industriestaaten bezog sich dabei nicht nur auf die wirtschaftliche Entwicklung, sondern auch auf alle anderen Politikbereiche.

3.2.1. Frieden und Sicherheit

Wie bei früheren Gipfelkonferenzen, so beginnen die Ausführungen der Blockfreien zu diesem Themenbereich auch in den Dokumenten von Cartagena mit einer Einschätzung der internationalen Lage. Was dabei angesichts des jahrzehntelangen Widerstands der Bewegung gegen eine Spaltung der Welt in zwei Blöcke überrascht, ist die Klage der Staats- und Regierungschefs, „that the breakup of one of the superpowers has led to the *disappearence of the balance of power* and to a latent instability worldwide.“[7] (S. 2) Zwar sei es in einigen Regionen und Staaten (so im Südlichen Afrika, in Eritrea, Haiti, Ex-Jugoslawien oder dem Nahen Osten) gelungen, bewaffnete Konflikte zu beenden, auf der anderen Seite käme es jedoch als Folge der mit der Auflösung der Sowjetunion entstandenen „worrisome and damaging unipolarity“ (S. 4) zu immer neuen, oftmals bereits gelöst geglaubten Streitigkeiten (etwa in Burundi, Sierra Leone, Somalia, Zypern oder Afghanistan sowie zwischen der Türkei und Irak und zwischen Guyana und Venezuela) (S. 2f und 29-41).

---

[7] Hervorhebung der Verfasserin

Zwei Aspekte erscheinen an dieser Stelle bemerkenswert. Zum einen die, vermutlich auf Drängen des Irak und Syriens zustande gekommene, scharfe Verurteilung der Türkei, der mangelnder politischer Wille in der Zypernfrage (S. 30) sowie „an outdated interventionist policy based on the use of force which in many cases responds to domestic problems which have not been resolved through dialogue and conciliation" (S. 36) im Zusammenhang mit der Überschreitung der irakischen Grenze durch türkische Truppen vorgeworfen wird, und zum anderen die teilweise sehr deutlich formulierten Mahnungen an Mitgliedstaaten der Bewegung, Konflikte auf friedliche Weise zu lösen, um so den internen Zusammenhalt und die Glaubwürdigkeit der Blockfreien zu stärken (S. 26). In der Frage einer institutionalisierten Streitschlichtung kam es in Cartagena allerdings nur zur neuerlichen Aufforderung an das Koordinationsbüro, geeignete Mechanismen zu entwickeln (S. 26).

Als Hauptbedrohung für den Weltfrieden und die Zukunft der Menschheit bezeichneten die Mitgliedstaaten der Bewegung jedoch die von den Großmächten unverändert betriebene Entwicklung und Anhäufung von Atom- und anderen Massenvernichtungswaffen, für die es in der „post-Cold War era ... no justification whatsoever" gebe (S. 2 und 17). Das Nichtverbreitungsregime könne, ebenso wie ein vollständiges Verbot aller Atomtests, nur dann erfolgreich sein, wenn es mit einem zeitlich befristeten Abrüstungsplan verknüpft werde (S. 18f). Die Blockfreien äußerten sich in diesem Zusammenhang enttäuscht über den Verlauf der im Mai 1995 in New York abgehaltenen Konferenz, bei der es ihnen nicht gelungen war, eine unbefristete Verlängerung des Nichtverbreitungsvertrags zu verhindern (S. 19) und appellierten erneut an die Atommächte, ihren Abrüstungsverpflichtungen aus Artikel VI dieses Vertrages nachzukommen (S. 20). Darüber hinaus forderten sie die Genfer Abrüstungskonferenz zur Bildung eines ad-hoc-Ausschusses auf, der schon Anfang 1996 mit Verhandlungen über eine schrittweise Beseitigung aller Atomwaffen beginnen sollte (S. 18) und begrüßten die im Juni 1995 getroffene Entscheidung der OAU, Afrika zur atomwaffenfreien Zone zu erklären (S. 18) sowie eine entsprechende (auf Israel abzielende) Initiative des ägyptischen Präsidenten *Mubarak* für den Nahen Osten (S. 18f).

Im Bereich der konventionellen Rüstung bekräftigten die Blockfreien zwar zunächst ihren Willen, die Rüstungsausgaben zugunsten wirtschaftlicher und sozialer Entwicklungsprogramme zu reduzieren (Call from Colombia S. 3), bestanden zugleich jedoch auf dem „legitimate requirement of States for self-defense and the specific characteristics of each region" (S. 21) Bedingt durch die innenpolitischen Probleme vieler Mitgliedstaaten der Bewegung und insbesondere des Gastgeberlandes Kolumbiens findet sich in den Dokumenten von Cartagena schließlich auch massive Kritik an den waffenexportierenden Industriestaaten:

> „Large arms exporters have taken advantage of the new international situation to increase their sales to developing countries, while the States that manufacture such arms have not taken any effective measures to restrict their illicit trade and traffic of arms to groups of terrorists, mercenaries and common criminals, who have easy access to them thanks to the permissiveness of those who tolerate and promote such profitable business" (Call from Colombia S. 2)

Ebenfalls verurteilt wurde die nach Ansicht der Blockfreien zunehmende Behinderung des Material- und Technologietransfers zwischen Nord und Süd bei der zivilen Nutzung konventioneller Techniken (S. 22), der Chemie (S. 21), der Bio-Technologie (S. 21) sowie der Kernenergie (S. 19) „under the pretext of proliferation concerns" (S. 22). Was den letzten Bereich betrifft, so forderten die Vertreter der blockfreien Staaten die Internationale Atomenergie-Organisation (IAEA) in Wien auf, sich mit dem selben Elan für die vertraglich festgelegte weltweite Zusammenarbeit bei der Nukleartechnik einzusetzen wie für die Sicherheitskontrolle (S. 20). Außerdem unterstützten sie den von Marokko offiziell unterbreiteten Vorschlag, die Zahl der Mitgliedstaaten der IAEA (sowie der Genfer Abrüstungskonferenz) zu erhöhen „with the aim of increasing its representativity and efficiency"(S. 20).

3.2.2. Unabhängigkeit, Selbstbestimmung und Rassengleichheit

Die Erklärungen der Blockfreien zu diesem Themenbereich nahmen 1995 noch weniger Raum in Anspruch als drei Jahre zuvor, konnte man doch, angesichts der Abschaffung der Apartheid, in Cartagena auf die traditionell viele Seiten füllenden Solidaritätsbekundungen gegenüber der schwarzen Bevölkerung in Südafrika verzichten.

Ausführlicher eingegangen wurde somit nur auf den Kampf der Palästinenser für Selbstbestimmung und staatliche Unabhängigkeit. Die Vertreter der blockfreien Staaten verurteilten Israel in diesem Zusammenhang vor allem für „the decision ... to confiscate

Palestinian land and property in Jerusalem as well as its attempts to alter the religious and historic character of the Holy City" (S. 26), begrüßten zugleich jedoch die im Herbst 1993 von Israel und der PLO unterzeichnete Prinzipienerklärung, das im September 1995 getroffene Abkommen von Taba bezüglich der Westbank und des Gaza-Streifens sowie die Bildung einer palästinensischen Autonomie-Regierung (S. 27).

Außer gegen diese direkte Form der „Fremdherrschaft" sprachen sich die Blockfreien auch gegen „new interventionist trends" (Call from Colombia S. 3) im Zusammenhang mit Peacekeeping-Operationen der Vereinten Nationen (S. 4) und im Bereich der Wirtschaft aus. Erneut forderten sie beispielsweise die Aufhebung der Wirtschaftssanktionen gegen Libyen und Kuba (S. 33 und 39), wobei die vom US-Kongress beschlossene Ausweitung des Kuba-Embargos bzw. dessen exterritorialer Charakter ausdrücklich verurteilt wurden.

Ebenfalls als interventionistisch betrachteten die Mitgliedstaaten der Bewegung schließlich die von den USA ausgestrahlten „aggressiven" Radio- und Fernsehberichte gegen Kuba (S. 39) sowie Versuche der Industriestaaten „to destabilize the governments of developing countries, with the increasing use of defamation and distortion of information ..."[8] (Call from Colombia S. 1).

3.2.3. Wirtschaftliche und soziale Entwicklung

Was die Beurteilung der wirtschaftlichen und sozialen Lage in den blockfreien und anderen Entwicklungsländern angeht, so stellen die Mitgliedstaaten der Bewegung in den Dokumenten von Cartagena zunächst eine auch innerhalb des Südens wachsende Kluft zwischen den Staaten fest. Während sich Wirtschaftsdaten und Sozialindikatoren (wie beispielsweise Lebenserwartung, Schulbildung und Kindersterblichkeit) in einigen Ländern deutlich verbessert hätten, litten über 500 Millionen Menschen insbesondere in Afrika noch immer unter Hunger und Krankheit (S. 2 und 42). Immer dramatischer gestalte sich darüber hinaus in allen Ländern des Südens das Problem der Arbeitslosigkeit (S. 2 und 70).

---

[8] Auch diese Textpassage dürfte vor dem Hintergrund der spezifischen Probleme des Gastgeberlandes Kolumbien bzw. den Vorwürfen der USA, Präsident Samper bekämpfe das Drogenproblem (aus eigenem Interesse) nur halbherzig, entstanden sein.

Überraschend deutlich bekennen sich die Staats- und Regierungschefs der blockfreien Staaten in diesem Zusammenhang zu ihrer eigenen Verantwortung bei der Verwirklichung der auf dem Weltsozialgipfel in Kopenhagen formulierten Ziele wie „poverty eradication, food, health, education, employment, housing, and social integration ..." (S. 69). Wie von den Industriestaaten (angesichts einer sich auf Kosten der Bevölkerung bereichernden Staatsklasse und eines stark ausgeprägten Zentralismus' in vielen Entwicklungsländern) immer wieder gefordert, verpflichteten sich die Blockfreien außerdem erstmals, „to accord greater priority to the more vulnerable social strata and to the least advanced regions in their countries" (S. 70) sowie „to promoting social integration, striving to attain stability, safety and justice based on the promotion and defense of all human rights, as well as on tolerance, non-violence and non-discrimination ..." (S. 70).

Insgesamt überwiegt in den Dokumenten von Cartagena jedoch eindeutig die Kritik an den Industriestaaten, denen wie schon in Jakarta vorgeworfen wird, die häufig mit hohen sozialen Kosten und innenpolitischen Risiken verbundenen Bemühungen der Entwicklungsländer um eine marktwirtschaftliche Öffnung ihrer Volkswirtschaften mittels handelspolitischer, finanzieller und technologischer Restriktionen zunichte zu machen (Call from Colombia S. 1). Das Weltwirtschaftssystem sei noch immer geprägt von einer Vielzahl protektionistischer Maßnahmen seitens der Industriestaaten, von einem durch die Überschuldung und unzureichende Kreditversorgung vieler Entwicklungsländer bedingten Nettokapitaltransfer in Richtung Norden, von nur beschränktem Zugang zu technischem Know-how, einem Rückgang der Rohstoffpreise und sich kontinuierlich verschlechternder Terms of Trade (S. 3). Enttäuscht äußerten sich die Blockfreien außerdem über den geringen Stellenwert, den Entwicklungsthemen (beispielsweise im Vergleich zu Fragen der Friedenssicherung bzw. des Peacekeeping) in der weltpolitischen Diskussion einnähmen (S. 5 und 52), über die Nichterfüllung der auf zahlreichen Weltkonferenzen eingegangenen Verpflichtungen durch die Industriestaaten (Call from Colombia S. 2; S. 5 und 51) sowie über „the new priorities of the developed countries favoring the economies in transition [in Mittel- und Osteuropa] and trading blocks in the North" (S. 42).

Die von den entwickelten Ländern vorangetriebene Globalisierung der Weltwirtschaft und der Finanzmärkte käme, so die Blockfreien, in erster Linie ihnen selbst zugute, während die zunehmende Interdependenz der Volkswirtschaften den Staaten des Südens vor allem neue Unsicherheiten und Spannungen brächte: „Instabilities spread more quickly from one country to another, particularly to developing countries, which are now more vulnerable and sensitive to external factors." (S. 42)

Auch das in den Staaten des Nordens propagierte „marked-based paradigm of development" (S. 5) hielten die Mitgliedstaaten der Bewegung für unbrauchbar, da die Entwicklungsländer noch immer daran gehindert würden, als „full players" am Welthandel teilzunehmen (S. 48) und sich ein nachhaltiges Wirtschaftswachstum bzw. die Lösung sozialer Probleme nicht durch freie Marktwirschaft allein erreichen ließen (S. 7). Konkret sprachen sich die Blockfreien für eine stärkere Berücksichtigung sozialer Entwicklungsziele bei der Konzeption von Strukturanpassungsprogrammen durch die Weltbank sowie für eine Mittelaufstockung der Strukturanpassungsfazilität (SAF) bzw. der Erweiterten Strukturanpassungsfazilität (ESAF) des Internationalen Währungsfonds aus (S. 52).

Außerdem forderten sie erneut eine deutliche Schuldenreduzierung bzw. einen Schuldenerlass für die am wenigsten entwickelten Länder, wobei sie Modelle wie 'debt-for-nature swaps' oder 'debt-for-social development swaps', die bislang stets als unzulässige Konditionierung bzw. als Einmischung in innere Angelegenheiten gewertet wurden, in Cartagena erstmals befürworteten.

Kritisiert wurden dagegen die mangelnde Transparenz und Beteiligung der Entwicklungsländer bei Entscheidungen der Weltbank, des Internationalen Währungsfonds und der Welthandelsorganisation (vormals GATT), deren interne Mechanismen und Prozesse deshalb „demokratisiert" und die insgesamt enger an die Vereinten Nationen angebunden werden müßten (S. 43 und 52). Die Blockfreien plädierten in diesem Zusammenhang für die Bildung einer Ministergruppe (aus Entwicklungsländern und Industriestaaten), die die Funktionsweise des internationalen Finanz- und Währungssystems untersuchen und Empfehlungen für eine Reform geben sollte (S. 52f) und begrüßten die auf Initiative *König Hasans II.* von Marokko eingesetzte Arbeitsgruppe der Welthandelsorganisation, die sich um eine verbesserte Kohärenz zwischen internationaler Handels-, Finanz- und Währungspolitik bemühen soll (S. 43). Ausführlich gingen die Blockfreien darüber hinaus auf die vor allem von den USA immer wieder bestrittene Bedeutung und Notwendigkeit von

UNCTAD und UNIDO als internationale Foren „with a strong development perspective" ein (S. 48f und 55f).

Ebenfalls umfassend behandelt wurde in Cartagena schließlich die Süd-Süd-Kooperation, deren Potential viele Entwicklungsländer noch immer nicht erkannt hätten. In den Dokumenten der elften Gipfelkonferenz sind jedoch kaum neue Ansätze, Projekte oder Ideen enthalten, mit deren Hilfe sich die Zusammenarbeit der Entwicklungsländer verbessern ließe. Stattdessen werden darin vor allem die zwischen 1992 und 1995 (unter dem Vorsitz Indonesiens) abgehaltenen Konferenzen zu diesem Thema gewürdigt.

3.2.4. Multilateralisierung und Demokratisierung der internationalen Beziehungen

Nicht nur die bereits geschilderte Enttäuschung der Blockfreien über die aus ihrer Sicht zunehmende Unipolarität des internationalen Systems, sondern auch das gespannte Verhältnis zwischen Gastgeber Kolumbien und den USA und die vergleichsweise positive wirtschaftliche Entwicklung in Lateinamerika dürften dazu geführt haben, daß diesem Themenbereich in Cartagena noch mehr Gewicht beigemessen wurde als drei Jahre zuvor in Jakarta.

Als oberstes Ziel galt den Mitgliedstaaten der Bewegung dabei erneut die Umstrukturierung, Stärkung und Demokratisierung der Vereinten Nationen (Call from Colombia S. 2), deren Bedeutung als „the most important vehicle" (S. 10) für die Interessen der Blockfreien und anderer Entwicklungsländer, aber vor allem als „the unique multilateral framework to deal with global issues" (S. 10) sie mehrmals betonten.

Eine Reform der Vereinten Nationen schien den Mitgliedstaaten der Bewegung umso dringlicher, als die Industriestaaten immer mehr dazu tendierten, „to exercise their power and influence in international organizations and agencies" sowie „to insist on their models and perceptions as standards for universal behavior." (S. 4) Insbesondere Entscheidungen des Sicherheitsrates wie beispielsweise Konzeption und Durchführung von Peacekeeping-Operationen (S. 4 und 15) oder die Verhängung wirtschaftlicher Sanktionen (S. 14) dienten nach Ansicht der Blockfreien in zunehmender Weise den nationalen Interessen einiger weniger, mächtiger Staaten.

An oberster Stelle ihres Forderungskataloges standen deshalb die Erweiterung des Sicherheitsrates, die mittelfristige Abschaffung des Vetorechts für dessen Ständige

Mitglieder sowie eine Änderung der Arbeitsmethoden mit dem Ziel, Entscheidungsprozesse transparenter zu machen und eine stärkere Verantwortlichkeit des Sicherheitsrates gegenüber der Generalversammlung zu etablieren (S. 11-13). Gerade in Bezug auf eine Neugestaltung der Beziehungen zwischen Generalversammlung und anderen Organen der Vereinten Nationen schlossen die Blockfreien auch die Einberufung einer Allgemeinen Konferenz zur Revision der Charta (nach Art. 109 der VN-Charta) nicht aus. Wie sehr sich die Vorstellungen der Bewegung von denen der meisten Industriestaaten unterschieden, zeigte sich jedoch besonders an der Entschlossenheit der Blockfreien, „to continue ... creating new bodies as necessary" (S. 11).[9]

Der Tatsache, daß ihre Vorschläge bezüglich einer Reform der Weltorganisation auch in Cartagena vage und inkohärent blieben, schienen sich allerdings auch die Mitgliedstaaten selbst bewußt zu sein, beauftragten sie doch nicht nur die bereits in Jakarta gebildete Arbeitsgruppe, sondern auch das Koordinationsbüro in New York abermals damit, bereits existierende Reformstudien und -berichte zu prüfen und „to determine NAM's positions on the issues involved." (S. 11)

Der von den Blockfreien konstatierte Trend, wonach 'Macht' von einigen Industriestaaten wieder zum zentralen Faktor internationaler Politik gemacht würde, ließ sie schließlich erneut die Respektierung völkerrechtlicher Normen, insbesondere „sovereignty, independence and territorial integrity" (Call from Colombia S. 3) sowie eine stärkere Inanspruchnahme des Internationalen Gerichtshofes durch den Weltsicherheitsrat (S. 25) fordern. Bemerkenswert erscheint in diesem Zusammenhang die Feststellung, „that international law must be kept above the exigencies of politics" (S. 25), ist es doch bis heute gerade die Praxis der blockfreien und anderer Entwicklungsländer, Entscheidungen der Generalversammlung (das heißt eines politischen Organs der Vereinten Nationen) als völkerrechtlich bindend bzw. rechtserzeugend darzustellen, die von der Mehrzahl der Industriestaaten kritisiert wird.[10]

---

[9] Vgl. *Klaus Dicke*: Effizienz und Effektivität internationaler Organisationen. Berlin 1994, S. 195-228.
[10] Vgl. oben, Seite 24-27.

3.2.5. Umwelt

Noch deutlicher als drei Jahre zuvor gaben die Blockfreien in Cartagena den Industriestaaten mit ihrem umweltschädigenden Produktions- und Konsumverhalten die Schuld für weltweite Umweltprobleme (S. 2). Zu deren Lösung bedürfe es deshalb einer „international cooperation based on the principle of common but differentiated responsibilities" (S. 57). Beklagt wurde dabei vor allem, daß die Industriestaaten auch drei Jahre nach der Weltumweltkonferenz in Rio noch keine Mittel zur Umsetzung der dort eingegangenen Verpflichtungen (S. 57) sowie zur Aufstockung der 'Globalen Umweltfazilität' (S. 58) bereitgestellt hätten.

Für die Blockfreien und andere Staaten des Südens stehe die wirtschaftliche und soziale Entwicklung auch weiterhin im Vordergrund, nur sie allein hätten das Recht, „to exploit their resources in accordance with their own environmental and developmental policies" (S. 57). In den Dokumenten von Cartagena verwahrten sich die Mitgliedstaaten der Bewegung dementsprechend erneut gegen eine Konditionierung von Entwicklungshilfe und Krediten, gegen eine Einmischung in innere Angelegenheiten oder Handelsbeschränkungen im Zusammenhang mit Umweltfragen: „in no case does the adoption of unilateral trade-restricting measures ... make any positive contribution to the conservation of the environment" (S. 58).

Verurteilt wurden die Industriestaaten darüber hinaus für ihren unverantwortlichen Umgang mit radioaktiven und anderen giftigen Abfällen, die noch immer auf hoher See oder in Entwicklungsländern entsorgt würden (Call from Colombia S. 2).

3.2.6. Demokratie und Menschenrechte

Waren die Ausführungen zu diesem Themenbereich auf der zehnten Gipfelkonferenz noch stark von asiatischen Demokratie- und Menschenrechtskonzeptionen geprägt, so näherten sie sich in Cartagena wieder etwas den Vorstellungen westlicher Industriestaaten an. Im 'Call from Colombia' beispielsweise zeigten sich die Blockfreien fest entschlossen, auf eine Stärkung der Demokratie „and the free determination of the peoples" hinzuarbeiten (Call from Colombia S. 2). Immer wieder finden sich zudem Hinweise auf die friedensfördernde Funktion von Demokratie, so etwa in Bezug auf Ex-Jugoslawien (S. 29), Südafrika (S. 35) oder Mittelamerika (S. 39-41). Zugleich verwahrten sich die

Mitgliedstaaten der Bewegung allerdings energisch gegen „the imposition of models alien to the religious, historical and cultural particularities of our countries." (Call from Colombia S. 3)

Das Bekenntnis zum Schutz und der Förderung der Menschenrechte sowie zu internationalen Menschenrechtsstandards wie in der 'Allgemeinen Erklärung der Menschenrechte' von 1948 oder der 'Wiener Erklärung' von 1993 niedergelegt, fiel 1995 insgesamt ebenfalls eindeutiger aus als drei Jahre zuvor (S. 5 und 70f). Dies zeigte sich auch an der in den Dokumenten enthaltenen Aufforderung an die Mitgliedstaaten der Bewegung, multilateralen Menschenrechtsverträgen wie der Konvention zum Schutz von Wanderarbeitern und deren Familien, der Genfer Flüchtlingskonvention von 1951 (und dem diese ergänzenden Protokoll von 1967) oder den beiden Zusatzprotokollen des 1949 geschlossenen Genfer Abkommens zum Schutz der Kriegsopfer so rasch wie möglich beizutreten (S. 73-75).[11]

Auch hier bestanden die Blockfreien jedoch auf den politischen, historischen, sozialen, religiösen und kulturellen Besonderheiten, auf einem Gleichgewicht „between the fundamental rights and freedoms of the individual on the one hand, and the obligations to society and the State on the other" sowie auf der uneingeschränkte Souveränität der Staaten (S. 71). Außerdem appellierten sie an die Industriestaaten, Menschenrechtsfragen objektiv und fair zu behandeln und nicht als politische Druckmittel zu benutzen sowie eigene Mißstände wie Rassismus und „stringent immigration policies ... which severely restrict free movement of people and breed xenophobia" zu beheben (S. 71). Ebenfalls kritisiert wurden die Staaten des Nordens für die aus der Sicht der Blockfreien zunehmende Vernachlässigung wirtschaftlicher, sozialer und kultureller Menschenrechte „which relate more directly to human basic needs" (S. 71) und ihr geringes Interesse an Verhandlungen über das Menschenrecht auf Entwicklung (S. 72). Der nach der Menschenrechtskonferenz der Vereinten Nationen in Wien eingesetzte Hochkommissar für Menschenrechte und Generalsekretär *Boutros-Ghali* wurden in diesem Zusammenhang aufgefordert, sich entschlossener für das Recht auf Entwicklung bzw. für eine angemes-

---

[11] Nicht nur an dieser Stelle fällt auf, wie sehr der Wortlaut der Blockfreien-Entschließungen oftmals dem offizieller VN-Dokumente (insbesondere der Generalversammlung) gleicht; vgl. beispielsweise Res. A/45/158 vom 18.12.1990 oder Dok. A/CONF.157/23 (Kap. II E. Abs. 93) vom 12.7.1993.

sene Mittelausstattung des VN-Menschenrechtszentrums und eine Entwicklungsländer stärker berücksichtigende Verteilung der dortigen Posten einzusetzen (S. 72).

Wie drei Jahre zuvor in Jakarta, so betonen die Blockfreien auch in den Dokumenten von Cartagena schließlich mehrmals die Souveränität der Staaten und das Verbot einer Einmischung in innere Angelegenheiten. Wohl als Reaktion auf den zunehmenden Einfluß nationaler und internationaler Menschenrechtsgruppen auf die Weltöffentlichkeit unterstrichen sie außerdem die alleinige Zuständigkeit von Regierungen bei der Umsetzung internationaler Menschenrechtsvereinbarungen (S. 71). Die Teilnahme einzelner Individuen oder Nicht-Regierungsorganisationen an internationalen Menschenrechtskonferenzen lehnten sie deshalb ausdrücklich ab (S. 73).

3.2.7. Terrorismus und Drogen

Angesichts der innenpolitischen Probleme des Gastgeberlandes Kolumbien (und zahlreicher anderer blockfreier Staaten) gingen die Mitgliedstaaten der Bewegung auch in Cartagena ausführlich auf diese beiden Themen ein.

Ihre Positionen blieben dabei nahezu unverändert, bezeichneten sie doch Terrorismus wie schon 1992 als kriminellen Akt und massive Verletzung der Menschenrechte, als Bedrohung für die Verfassungsordnung, die territoriale Integrität und politische Einheit eines Staates sowie für dessen wirtschaftliche und soziale Entwicklung (S. 23f und 72). Wie in Jakarta forderten sie deshalb auch eine verstärkte internationale Kooperation bei der Bekämpfung des Terrorismus, und zwar „wherever by whoever against whomever it occurs" (S. 23).

Erhalten blieb in den Dokumenten dabei allerdings auch der Widerspruch zwischen der Verurteilung terroristischer Akte ohne Rücksicht auf Rasse, Religion oder Nationalität von Opfern oder Tätern (S. 24) und der Bestätigung des aus der Sicht der Blockfreien „heiligen" Selbstbestimmungsrechtes der Völker bzw. ihres legitimen Widerstands gegen brutale Unterdrückung (S. 24 und 73). Hatte sich dieser Widerspruch in Jakarta vor allem in der unglaubwürdigen Politik Indonesiens manifestiert[12], so wurde er in Kolumbien dadurch sichtbar, daß sich der von den Blockfreien hochgeachtete Befreiungskämpfer *Yassir Arafat* im Vorfeld der elften Gipfelkonferenz mit Vertretern der von

---

[12] Vgl. oben, Seite 95.

Präsident *Ernesto Samper* energisch bekämpften, linksgerichteten Guerilla-Organisation FARC (Fuerzas Armadas Revolucionarias de Colombia) traf.[13]

Auch was das Thema Drogen angeht, hielten die Blockfreien an ihrer Einschätzung von Jakarta fest, wonach die Ursache der gesamten Problematik „in the permissiveness prevailing in certain developed countries" (Call from Colombia S. 2) liege. Eindeutig an die Adresse der USA gerichtet dürfte dabei der Textabschnitt sein, in dem die Mitgliedstaaten der Bewegung „the unbalanced, unequitable and selective form in which several developed countries seek to assign a major responsibility to a specific group of countries" (S. 79), insbesondere Staaten, in denen Drogen angebaut bzw. hergestellt würden und die als Durchgangsländer im Drogenhandel dienten, verurteilen. Aus der Sicht der Mitgliedstaaten der Bewegung handele es sich jedoch um ein globales Problem und eine Bedrohung für alle Staaten, weshalb es sich auch nur mittels internationaler Kooperation und gemeinsamer Verantwortung (bei gleichzeitiger Berücksichtigung der uneingeschränkten staatlichen Souveränität) lösen lasse (S. 79f). In den Dokumenten von Cartagena unterstützen die Blockfreien in diesem Zusammenhang die Initiative Kolumbiens und anderer Entwicklungsländer, 1998 eine Weltdrogenkonferenz im Rahmen der VN einzuberufen (Call from Colombia S. 3; S. 79) sowie den Vorschlag des Präsidenten Panamas, in seinem Land ein multilateralen Zentrums zur Bekämpfung des Drogenhandels und damit verbundener Verbrechen einzurichten (S. 80).

Vor dem Hintergrund der gegen Präsident *Samper* erhobenen Vorwürfe, wonach dieser die organisierte Drogenkriminalität in Kolumbien nicht entschlossen genug bekämpfe und seinen eigenen Wahlkampf mit Geldern der Drogenmafia finanziert habe, erscheinen die Ausführungen der Blockfreien zum Thema Drogen insgesamt nicht gerade glaubwürdig. Geradezu zynisch wirken beispielsweise der von Kolumbien propagierte Vorschlag „to promote a convention against money laundering" (S. 79) oder die Feststellung, organisierte Drogenkartelle stellten eine ernsthafte Bedrohung „to the efforts to build and strengthen democracy" dar (S. 80).

---

[13] Vgl. Korrespondentenbericht der Deutschen Presseagentur vom 14. Oktober 1995.

4. Die Beurteilung der elften Gipfelkonferenz

Hatte die Ende der 80er Jahre einsetzende Auflösung des bipolaren internationalen Systems den Blockfreien bei deren Gipfelkonferenzen 1989 und 1992 noch überdurchschnittlich viel Aufmerksamkeit und Interesse vonseiten sowohl der Wissenschaft als auch der Presse eingebracht, so war davon in Cartagena kaum mehr etwas zu spüren. Die zum Teil überschwengliche Aufbruchstimmung von Belgrad und das zwar nüchternere, jedoch noch immer überwiegend positive Urteil über die Konferenz von Jakarta schienen nun schlichtem Desinteresse der Weltöffentlichkeit gewichen zu sein. Wurde überhaupt über das Gipfeltreffen in Cartagena berichtet, so standen extreme Äußerungen der Mitgliedstaaten bzw. einzelner Redner (wie beispielsweise *Fidel Castros*) im Vordergrund. Eine differenzierte Analyse des Konferenzverlaufs bzw. des Inhalts der in Cartagena verabschiedeten Dokumente sucht man dagegen vergeblich.[14]

---

[14] Auch von AutorInnen wie *Jankowitsch*, *Colard* oder *Morphet*, die sich in der Vergangenheit mit den Blockfreien und deren Gipfeltreffen beschäftigten, liegen - jedenfalls bislang - keine Analysen der Konferenz von Cartagena vor.

Kapitel 8

Zusammenfassung und Ausblick

Entgegen der vor allem in westlichen Staaten geäußerten Erwartungen, wonach mit dem Ende des Ost-West-Konflikts und der bipolaren Struktur des internationalen Systems auch die Blockfreien-Bewegung ihre Existenzberechtigung verlieren würde, hat sich diese bis heute weder aufgelöst noch umbenannt. Daß sich die Erwartungen der Industriestaaten nicht erfüllten, lag dabei nach Ansicht der Blockfreien vor allem daran, daß diese auf einem falschen Verständnis von Blockfreiheit bzw. auf einer „extremely biased and limited"[1] Sichtweise der Prinzipien und Ziele der Bewegung basierten.

Obwohl die Blockfreien-Bewegung zur Zeit des Kalten Krieges gegründet wurde, entstand das außenpolitische Konzept der Blockfreiheit, wie in Kapitel 1 dargestellt, in erster Linie als Antwort auf die Bedürfnisse und Interessen der jungen Staaten, die wenige Jahre nach dem Zweiten Weltkrieg ihre Unabhängigkeit erlangt hatten und sich mit großen wirtschaftlichen Problemen konfrontiert sahen. „Keeping out of military and ideological blocs" war somit, wie der indische Autor *Subrahmanyam* feststellt, „not an end in itself."[2] Es diente vielmehr dazu, die langfristigen Ziele der blockfreien Staaten, nämlich Frieden und Abrüstung, Unabhängigkeit und Selbstbestimmung sowie wirtschaftliche und kulturelle Gleichheit zu verwirklichen und ein internationales System zu schaffen, „in which power politics will be eliminated and sovereignty and freedom of choice will be respected."[3] Trotz der Ablehnung, die die Blockfreien vor allem vonseiten der USA erfuhren, konnte sich die Bewegung mit dieser „Vision", mit ihrem Auftreten als „Gewissen der Menschheit" während des Ost-West-Konflikts ein hohes Maß an Respektabilität verschaffen. Ihre durch die koloniale Vergangenheit vieler Mitgliedstaaten bedingte antikapitalistische Haltung versicherte sie darüber hinaus der grundsätzlichen Unterstützung der Sowjetunion - eine Position, die die Verhandlungsmacht der Block-

---

[1] *P.S. Jayaramu*: New World Order, Non-Aligned Movement and India. In: India Quarterly Vol. 48, Nr. 1-2 (Jan.-June) 1992, S. 23-30, dort S. 26.
[2] *K. Subrahmanyam*: New Challenges, New Goals. In: World Focus Vol. 10, Nr. 6 (Juni) 1989, S. 3-5, dort S. 3.
[3] *M. Saleem Kidwai*: Relevance of Non-Alignment. In: Review of International Affairs Vol. 43, Heft 1004, S. 21-22, dort S. 22.

freien stärkte und es ihnen ermöglichte, den Westen wenn nicht zu beeinflussen, so doch zumindest zu irritieren.[4]

Die Mitte der 80er Jahre einsetzende Entspannung zwischen den beiden Supermächten und der daraus resultierende weltpolitische Wandel veränderten diese Kräftekonstellation entscheidend, fiel die Sowjetunion angesichts ihrer wirtschaftlichen Probleme und der Annäherung an den Westen als „counterweight"[5] doch zunehmend aus. Hinzu kam, daß mit der Sowjetunion und anderen Staaten des Ostblocks auch der Sozialismus in die Krise geriet, der für viele blockfreie Staaten die einzige Alternative zum kapitalistischen System der ehemaligen Kolonialmächte dargestellt hatte. Vor allem die prowestlichen Mitgliedstaaten der Bewegung, aber auch zahlreiche andere begrüßten dagegen das Ende der Ost-West-Konfrontation, von dem sie sich nicht nur Frieden und Abrüstung, sondern auch eine Multilateralisierung und Demokratisierung der internationalen Beziehungen sowie die Lösung ihrer wirtschaftlichen Probleme versprachen. Die Hoffnungen vieler blockfreier Staaten lagen dabei auf Europa, dem eine zunehmend bedeutende Rolle im internationalen System zugeschrieben wurde und von dem man erwartete, daß es die Entspannung dazu benutzen würde, „to help the rest of the world."[6]

Vor allem Jugoslawien vertrat diese Ansicht, weshalb es sich auf der neunten Gipfelkonferenz der Blockfreien in Belgrad energisch für eine Entideologisierung und Öffnung der Bewegung einsetzte. Nur eine Befreiung vom „ideologischen Ballast" der Vergangenheit, ein Bekenntnis zu Demokratie und freier Marktwirtschaft sowie die Bereitschaft, sich mit den Themen der Industriewelt zu beschäftigen, könnten den Norden zu einem Dialog oder zur Zusammenarbeit mit den Entwicklungsländern bewegen. Die Dokumente von Belgrad spiegeln diese Auffassung der „gemäßigten" Blockfreien, ihre Vorstellungen bezüglich einer „Modernisierung" der Bewegung deutlich wider. Mitgliedstaaten, die eine solche Anpassung an den Westen ablehnten und sich gegen die Aufgabe bisheriger Positionen wehrten, erschienen in dieser Situation nur noch als „disparate band of old fashioned radical countries".[7]

---

[4] Vgl. *K.R. Panikkar*: Has the Non-Alignment Movement become irrelevant ? In: Third World Resurgence Nr. 26/1992, S. 23-24, dort S. 23.
[5] Ebd.
[6] *Sally Morphet*: The Non-Aligned in 'The New World Order': The Jakarta Summit, September 1992. In: International Relations, 4, 1993, S. 359-380, dort S. 373.
[7] Ebd., S. 372.

Tatsächlich richtete sich die Aufmerksamkeit der Industriestaaten in den darauffolgenden Jahren zunehmend auf die Staaten der Dritten Welt, jedoch in ganz anderer Weise als von den Blockfreien erwartet. Nicht globale Abrüstung, eine Stärkung multilateraler Politikinstrumente wie der Vereinten Nationen oder die weltwirtschaftlichen Rahmenbedingungen standen im Mittelpunkt der Diskussion, sondern die demokratische Legitimität der Regierungen Afrikas, Asiens und Lateinamerikas, ihr Verhältnis zu den Menschenrechten und, im Fall der Blockfreien, die Befolgung der eigenen Prinzipien. Die Bewegung, in der außer Demokraten auch „strident nationalists, tentative socialists, timid Marxists, religious fanatics, military despots" und „outright dictators"[8] vertreten waren, deren Mitgliedstaaten zum Teil massiv aufrüsteten und die sich mit zahlreichen bewaffneten Konflikten zwischen blockfreien Staaten auseinanderzusetzen hatte, büßte so viel von ihrer Glaubwürdigkeit, ihrer immer wieder beschworenen „moralischen Kraft" ein. Auch die Erwartungen der Blockfreien bezüglich einer neuen, auf dem Souveränitätsprinzip beruhenden Weltordnung erfüllten sich nicht, denn die Auflösung der Sowjetunion führte statt zu einem multipolaren internationalen System, das die Einflußmöglichkeiten mittlerer und kleiner Mächte vergrößert hätte, zur Dominanz der verbleibenden Supermacht USA. Am deutlichsten manifestierte sich dieser Führungsanspruch der US-Regierung während des Golf-Krieges und im Rahmen der Vereinten Nationen, die nach Ansicht der Staaten des Südens von den USA „erpresst" wurden.[9] Insgesamt verfolgten die Industriestaaten die Strategie, „to concentrate more and more of macroeconomic policy making in the World Bank and IMF, confining the UN to essentially political, including, peacekeeping, and social functions."[10] Ablehnend reagierten viele Blockfreie dabei vor allem auf das zunehmende Engagement der Vereinten Nationen in Fragen der Menschenrechte, in dem sie einen Eingriff in ihre staatliche Souveränität sahen.

Alles in allem ließ die weltpolitische Entwicklung die in der Gründungsphase der Bewegung aufgestellten Ziele der Blockfreien auch in den Augen „gemäßigter" Vertreter gültiger denn je erscheinen. Die Stimmung unter den Mitgliedstaaten war, so *Krishnan,*

---

[8] *Panikkar* (Anm. 4), S. 24.
[9] Vgl. *K.P. Saksena*: Period of Tribulations. In: World Focus, Vol. 16, Nr. 9 (September) 1995, S. 8-14.
[10] *N. Krishnan*: United Nations at Crossroads. In: World Focus, Vol. 16, Nr. 9 (September) 1995, S. 3-7 und 21, dort S. 6.

„one of deception and disillusionment. (...) The new situation of near total dominance by one major power and its friends makes one feel almost nostalgic for the good old days of East-West friction and clash ...".[11]

Auf der Gipfelkonferenz von Jakarta äußerte sich diese Enttäuschung in deutlicher Kritik an den Industriestaaten und der von US-Präsident *Bush* proklamierten Neuen Weltordnung sowie in einem sehr viel selbstbewußteren und offensiveren Auftreten der Blockfreien. Zugleich setzte sich aber auch die Erkenntnis durch, daß die Bewegung sich intensiver damit beschäftigen mußte, ihr eigenes „Haus" in Ordnung zu bringen, das heißt, interne Konflikte zu lösen und innerstaatliche Mißstände zu beseitigen, wollte sie auf internationaler Ebene etwas erreichen.

In den Jahren zwischen 1992 und 1995 bemühten sich die Blockfreien deshalb verstärkt um einen engeren Zusammenhalt unter den Mitgliedstaaten, um den Ausbau der Süd-Süd-Kooperation sowie um politische und wirtschaftliche Reformen, mit denen sie den Industriestaaten ihre Kompromiß- und Kooperationsbereitschaft signalisierten. Ihre Stellung innerhalb des internationalen Systems begann sich dadurch allmählich zu verbessern, zumal auch einige Industriestaaten die Dominanz des Westens bzw. der G 7 ablehnten, ihre auf zahlreichen Gebieten (Umweltschutz, Migration, Terrorismus, religiöser Fundamentalismus ...) wachsende Abhängigkeit von den Entwicklungsländern erkannten und Verständnis für deren Probleme und Forderungen entwickelten.

Zahlreiche Beobachter und Vertreter blockfreier Staaten sahen die Zukunft der Bewegung dann auch sehr optimistisch. Der indische Autor *Kidwai* beispielsweise stellte fest:

> „The struggle of NAM is now entering a new phase when most developed nations of the world appear to be accepting in principle the need for a new international order. (...) Non-alignment represents the wave of the future."[12]

Und auch der Premierminister Indiens *Rao* hielt den Handlungsspielraum und die Einflußmöglichkeiten der Blockfreien für größer als jemals zuvor in der Geschichte der Bewegung:

> „Over the past three decades, we have developed our own economic, technological and, above all, human resources. Our experience in international diplomacy is certainly richer. We are better placed than before in many respects. What is needed, I

---

[11] Ebd., S. 3.
[12] *Kidwai* (Anm. 3), S. 22.

believe, is the over-arching solidarity and adherence to a shared vision which gave our Movement its original strength and mission."[13]

Während der elften Gipfelkonferenz der Blockfreien in Kolumbien war von dieser gemeinsamen Vision allerdings kaum etwas zu spüren, spiegeln die Dokumente von Cartagena doch vor allem die zunehmende Heterogenisierung und Interessenvielfalt innerhalb der Bewegung wider. Zwar näherten sich die Blockfreien in einigen Politikbereichen überraschend deutlich den Vorstellungen westlicher Industriestaaten an, wachsende Ungeduld und Resignation bei vielen Mitgliedstaaten angesichts ihrer seit dem Ende des Ost-West-Konflikts weitgehend unveränderten politischen und wirtschaftlichen Stellung sowie das gespannte Verhältnis zwischen Gastgeber Kolumbien und den USA führten zugleich jedoch wieder verstärkt zu antiwestlichen bzw. antiamerikanischen Erklärungen. Die Dokumente von Cartagena, in denen immer wieder die Notwendigkeit einer verbesserten Koordinierung der Positionen einzelner Mitgliedstaaten sowie gemeinsam erarbeiteter politischer Zielvorstellungen und Strategien betont wurde, zeigen aber auch, daß sich die Blockfreien ihrer Konzeptions- und Orientierungslosigkeit gegenüber weltpolitischen Entwicklungen, ihrer Unfähigkeit, die Interessen der Mitgliedstaaten zu bündeln und sie schlagkräftig zu artikulieren, mehr denn je bewußt sind.

Betrachtet man die Entwicklung der Blockfreien-Bewegung und der internationalen Beziehungen von 1989 bis heute im Zusammenhang, so lassen sich drei Faktoren erkennen, von denen die Zukunft der Bewegung abhängen dürfte: erstens ihr interner Zusammenhalt, das heißt die Fähigkeit der Mitgliedstaaten, nationale Interessen zugunsten eines gemeinsamen Zieles zurückzustellen und Geschlossenheit nach außen zu demonstrieren; zweitens ihre Glaubwürdigkeit, sprich die Befolgung der von den Gründungsmitgliedern der Blockfreien-Bewegung aufgestellten und während deren 35jährigen Bestehens immer wieder bekräftigten Prinzipien und Verhaltensregeln; drittens das Souveränitätsverständnis der ihr angehörenden Staaten bzw. deren Regierungen.

Was den internen Zusammenhalt der Bewegung betrifft, so führte das Ende des Ost-West-Konflikts, mit dem sich deren Verhandlungsposition auf internationaler Ebene

---

[13] *Rao*, zitiert nach *Morphet* (Anm. 6), S. 377.

verschlechterte, den Blockfreien deutlicher denn je vor Augen, daß sie gegenüber den militärisch und / oder wirtschaftlich starken Staaten des Westens nur „the advantage of numbers"[14] besaßen. Die mit der Zahl der Mitgliedstaaten steigende Heterogenität der Bewegung, ihre fortschreitende Differenzierung auf wirtschaftlichem und innenpolitischem Gebiet (Regierungsform, Schutz der Menschenrechte, Verhalten der Regierung gegenüber Minderheiten usw.) sowie das Aufkommen neuer Konfliktlinien (zum Beispiel in Fragen des Umweltschutzes) machten es den Blockfreien zugleich jedoch immer schwerer, ihre gemeinsamen Interessen zu identifizieren und sie geschlossen nach außen zu vertreten. In jüngster Vergangenheit zeigte sich dies besonders in den Bereichen Sicherheits- und Handelspolitik, genauer gesagt während der Uruguay-Verhandlungsrunde des GATT[15], der Konferenzen zur Verlängerung des Nichtverbreitungsvertrags[16] und zum Abschluß eines umfassenden Atomteststoppvertrags[17] sowie im Verlauf der in Südafrika abgehaltenen UNCTAD IX[18]. In allen vier Fällen hatten sich die Blockfreien in zentralen Bereichen nicht auf gemeinsame Positionen oder Strategien gegenüber den Industrie- bzw. Atomstaaten einigen können, wodurch sich Verhandlungsmacht und Einflußmöglichkeiten der Bewegung weiter verringerten und deren aus der Sicht vieler westlicher Staaten nicht gerade positives Image erneut Schaden nahm.

Die Frage, wie die Mitgliedstaaten der Bewegung dazu gebracht werden können, ihre nationalen Interessen den Anliegen der Mehrheit unterzuordnen, steht auch im Mittelpunkt des zweiten Problems, nämlich der Glaubwürdigkeit der Blockfreien. Und auch hier spielt der Wegfall der Ost-West-Konfrontation eine entscheidende Rolle, bestehen aus Sicht der westlichen Industriestaaten heute doch keinerlei strategische Gründe mehr, Regierungen der Dritten Welt zu unterstützen oder sich mit deren Forderungen zu

---

[14] *Panikkar* (Anm. 4), S. 24.
[15] Vgl. oben, Seite 114f.
[16] Vgl. *Joachim Krause*: Die Zukunft der nuklearen Nichtverbreitung. In: Internationale Politik Nr. 6 / 1995, S. 61-62.
[17] Vgl. *Annette Schaper*: Der Umfassende Teststoppvertrag: kurz vor dem Ziel - oder gescheitert ? In: HSFK-Standpunkte Nr. 7/1996, S. 1-16 und 'Dokumente zum Zeitgeschehen': Das UN-Votum zum Atomteststoppvertrag und die indische Kritik. In: Blätter für deutsche und internationale Politik 10/1996, S. 1277-1280.
[18] Vgl. *Konrad Melchers*: Szenario für die Handelsbombe. Vor UNCTAD IX: „Globalisierung durch Liberalisierung". In: epd-Entwicklungspolitik 7/96, S. 15-19 und *ders.*: Totgesagte leben länger. In: Vereinte Nationen 4/1996, S. 147-153.

befassen. Wie der Trend zur politischen Konditionierung von Krediten und anderen Formen der Entwicklungshilfe zeigt, sind die Industriestaaten vielmehr nur dann bereit, dem
Süden bei der Lösung seiner Probleme behilflich zu sein, wenn dessen Regierungen bestimmte Kriterien erfüllen. Hierzu gehören insbesondere die Achtung grundlegender
Menschenrechte, politischer Pluralismus und Rechtsstaatlichkeit - Kriterien, zu denen
sich die Mitgliedstaaten der Blockfreien-Bewegung mittlerweile ebenso eindeutig bekannt haben wie zu deren „traditionellen" Prinzipien Abrüstung, friedliche Streitbeilegung und nationale Selbstbestimmung. Massive Menschenrechtsverletzungen in Indonesien[19], Nigeria, Kenia, Syrien, Kolumbien und zahlreichen anderen Mitgliedstaaten der
Bewegung, enorme Rüstungsanstrengungen einiger der Bewegung angehörender Regionalmächte wie beispielsweise des einstigen Gründungsmitglieds Indien[20] und zahlreiche
bewaffnete Konflikte zwischen blockfreien Staaten (so etwa zwischen Ecuador und Peru,
Honduras und Nicaragua oder Indien und Pakistan) beweisen allerdings, welch geringe
Bedeutung viele Regierungen diesen Verpflichtungen beimessen. Solange die Bewegung
jedoch, wie *Nyerere* es einmal ausdrückte, „eine fortschrittliche Bewegung, aber ... keine
Bewegung fortschrittlicher Staaten"[21] bleibt, dürfte es ihr kaum gelingen, „like-minded
countries", das heißt sich für die Belange der Entwicklungsländer einsetzende Verbündete unter den Industriestaaten zu gewinnen.

Das vielleicht wichtigste, von den blockfreien Staaten bislang allerdings am wenigsten
wahrgenommene Problem stellt schließlich ihr Souveränitätsverständnis dar, dessen Ur-
sprung, wie in Kapitel 1 geschildert, im Entkolonisierungsprozeß liegt.

Die jungen, militärisch, politisch und wirtschaftlich schwachen Staaten sahen in der in
Artikel 2 Ziffer 1 der Charta der Vereinten Nationen festgeschriebenen souveränen
Gleichheit aller Staaten die einzige Möglichkeit, ihre Politik, sowohl nach innen als auch
nach außen, unabhängig zu gestalten.

---

[19] Die Verleihung des Alternativen Friedensnobelpreises 1995 und des Friedensnobelpreises 1996 an die
sich für die Menschenrechte in Indonesien und für die Befreiung Ost-Timors einsetzenden *Carmel Bu-
diardjo* bzw. Bischof *Belo* und *Ramos Horta* kam auf internationaler Ebene wenn nicht einer Niederlage
Indonesiens, so doch deutlicher Kritik an *Suharto* gleich.
[20] Vgl. Frankfurter Rundschau vom 28.8.1996: In Südasien droht neues Wettrüsten.
[21] *Julius Nyerere*, zitiert nach *Volker Matthies*: Die Blockfreien - Ursprünge, Entwicklung, Konzeptionen. Opladen 1985, S. 37.

Obwohl auch die Charta diese Souveränität in manchen Bereichen einschränkt[22] und sich das internationale System darüber hinaus in vielerlei Hinsicht verändert hat[23], halten die Blockfreien bis heute an ihrem absoluten Souveränitätsbegriff und dem sich daraus ableitenden uneingeschränkten Interventionsverbot fest.

Tabelle 5

Konferenzen der Blockfreien-Bewegung und Aktivitäten im Rahmen der Vereinten Nationen zwischen der Gipfelkonferenz von Cartagena und Dezember 1996[24]

	Konferenzen der Blockfreien-Bewegung	Aktivitäten im Rahmen der VN
1995		50. VN-Generalversammlung, New York / September - Oktober
		UNIDO-Generalversammlung, Wien / Dezember
1996	Konferenz des Methodologie-Komitees, Cartagena / Mai	UNCTAD IX, Midrand (Südafrika), April-Mai
	Ministerkonferenz über Gesundheit, Genf / Mai	
	Ministerkonferenz über Arbeit, Genf / Juni	83. Konferenz der ILO, Genf / Juni
	Außenministerkonferenz aus Anlaß des 35jährigen Bestehens der Blockfreien-Bewegung, New York / September	Sondersitzung der VN-Generalversammlung zum Atomteststoppvertrag, New York / September
	Treffen der 'Gruppe der 15', Harare / November	Welternährungskonferenz, Rom / November
		1. Ministerkonferenz der Welthandelsorganisation (WTO), Singapur / Dezember

---

[22] Vgl. *Klaus Dicke*: Friedenswahrung durch Interventionen ? Die Notwendigkeit eines internationalen Ordnungsrechts. In: Internationale Politik 12/1995, S. 21-26, dort S. 22f.

[23] Vgl. *Krishnan* (Anm. 10), S. 4.

[24] Für eine detailliertere Zusammenstellung der Aktivitäten der Blockfreien-Bewegung bis Juli 1996 vgl. den Bericht 'Colombia como Presidente del Movimento de Paises No Alineados'; zu beziehen über die Botschaft Kolumbiens in Bonn.

Indem sie nicht wahrhaben wollen, daß, wie *Boutros-Ghali* in seiner 'Agenda für den Frieden' schreibt, die Aufgabe der Zukunft darin besteht, „ein Gleichgewicht herzustellen zwischen den Geboten einer ordnungsgemäßen Wahrnehmung der innerstaatlichen Belange und den Anforderungen einer in zunehmendem Maße interdependenten Welt"[25], versäumen sie es jedoch zugleich, sich an der Entwicklung des die staatliche Souveränität immer häufiger ersetzenden internationalen Ordnungsrechts bzw. an der Bestimmung der Normen, „die als internationales Ordnungsrecht Geltung beanspruchen können"[26], aktiv zu beteiligen.

Welche institutionellen und methodologischen Reformen die Blockfreien auch immer beschließen und durchführen, wieviele Gipfel- und Ministertreffen sie abhalten und auf welche politischen Themen sie ihre Aufmerksamkeit in Zukunft richten mögen (vgl. Tabelle 5) - ohne eine intensive Auseinandersetzung mit diesen soeben dargestellten Problemen, ohne massive Anstrengungen, sich im Sinne dieser Herausforderungen zu reformieren und zu modernisieren dürfte die Blockfreien-Bewegung in den kommenden Jahren kontinuierlich an weltpolitischer Bedeutung verlieren.

---

[25] *Boutros Boutros-Ghali*: Agenda für den Frieden. Deutsche Übersetzung hrsg. von: Stiftung Entwicklung und Frieden. Bonn - Bad Godesberg 1992, S. 28.
[26] *Dicke* (Anm. 22), S. 23.

Literaturverzeichnis

1. Dokumente, Lexika und Handbücher

Deutsche Gesellschaft für die Vereinten Nationen (Hrsg.): Gleiche Menschenrechte für alle. Dokumente zur Menschenrechtsweltkonferenz der Vereinten Nationen in Wien 1993. Bonn 1994.

Hauchler, Ingomar (Hrsg.): Globale Trends 93/94. Frankfurt am Main 1993.

Jankowitsch, Odette / Sauvant, Karl P. (Hrsg.): The Third World without Superpowers: The Collected Documents of the Non-Aligned Countries. Dobbs Ferry, New York 1978ff.

Nohlen, Dieter (Hrsg.): Lexikon Dritte Welt. Reinbek bei Hamburg 1994.

Nohlen, Dieter / Nuscheler, Franz (Hrsg.): Handbuch der Dritten Welt, Band 1: Grundprobleme, Theorien, Strategien. Bonn 1993.

Wolfrum, Rüdiger (Hrsg.): Handbuch Vereinte Nationen. München 1991.

Woyke, Wichard (Hrsg.): Handwörterbuch Internationale Politik. Opladen (6. Auflage) 1995.

'XI Cumbre de Paises No Alineados' - Dokumente zur elften Gipfelkonferenz der Blockfreien-Bewegung in Cartagena; zu beziehen über die Botschaft Kolumbiens in Bonn.

2. Sammelbände

Birckenbach, Hanne-Margret / Jäger, Uli / Wellmann, Christian (Hrsg.): Jahrbuch Frieden 1992, München 1991.

Deutsches Übersee-Institut Hamburg (Hrsg.): Jahrbuch Dritte Welt 1991. Hamburg 1990.

Forndran, Erhard (Hrsg.): Politik nach dem Ende des Ost-West-Konflikts. Baden-Baden 1992.

Kewenig, Wilhelm A. (Hrsg.): Die Vereinten Nationen im Wandel. Berlin 1975.

Krell, Gert / Kubbig, Bernd W. (Hrsg.): Krieg und Frieden am Golf. Ursachen und Perspektiven. Frankfurt am Main 1991.

Matthies, Volker (Hrsg.): Kreuzzug oder Dialog. Die Zukunft der Nord-Süd-Beziehungen. Bonn 1992.

Rajan, M.S. / Mani, V.S. / Murthy, C.S.R. (Hrsg.): The Non-Aligned and the United Nations. Dobbs Ferry, New York 1987.

Wolf, Klaus Dieter (Hrsg.): Ordnung zwischen Gewaltproduktion und Friedensstiftung. Baden-Baden 1993.

3. Monographien und Aufsätze

Akhtar, Shameem: From Belgrade to Belgrade. In: Pakistan Horizon Vol. 42, Nr. 3-4 (Oct.) 1989, S. 121-134.

Andersen, Uwe / Langmann, Andreas: Eine „neue" Neue Weltwirtschaftsordnung. In: Matthies, Volker (Hrsg.): Kreuzzug oder Dialog. Die Zukunft der Nord-Süd-Beziehungen. Bonn 1992, 143-157.

Ansprenger, Franz: Entkolonialisierung. In: Woyke, Wichard (Hrsg.): Handwörterbuch Internationale Politik. Opladen (6. Auflage) 1995, S. 65-71.

Baral, J.K.: Non-Aligned Summit Diplomacy. In: India Quarterly Vol. 45, Nr. 1-2 (January-March) 1989, S. 1-20.

Barsh, Russel Lawrence: A Special Session of the UN General Assembly rethinks the Economic Rights and Duties of States. In: American Journal of International Law Vol. 85 / 1991, S. 192-200.

Bedjaoui, Mohammed: Towards a new international economic order. Paris / New York / London 1979.

Biad, Abdelwahab: Les Pays Non-Alignés et le Désarmement. In: Arès, Défense et Sécurité Vol. 9, 1987 (2), S. 35-45.

Bienefeld, Manfred: The New World Order: echoes of a new imperialism. In: Third World Quarterly Vol. 15, 1 / 1994, S. 31-48.

Blume, Georg: Die Führungsmacht, die ungern führt. In: ZEIT-Punkte Nr. 4 / 1995, S. 34-35.

Bosse-Brekenfeld, Peter: Der Mensch im Zentrum ? Weltsozialgipfel: Große Deklaration - magerer Aktionsplan. In: epd-Entwicklungspolitik 7/8 / 95, S. 17-20.

Boutros-Ghali, Boutros: Agenda für den Frieden. Deutsche Übersetzung herausgegeben von: Stiftung Entwicklung und Frieden. Bonn - Bad-Godesberg 1992.

– An Agenda for Development. New York 1995.

Braun, Ursula: Kuwait-Krieg. In: Woyke, Wichard (Hrsg.): Handwörterbuch Internationale Politik. Opladen (6. Auflage) 1995, S. 263-269.

Brock, Lothar: Die Dritte Welt in ihrem fünften Jahrzehnt. In: Aus Politik und Zeitgeschichte B 50 / 1992, S. 13-23.

– Auflösung oder Ausbreitung ? Die Dritte Welt in ihrem fünften Jahrzehnt. In: Wolf, Klaus Dieter (Hrsg.): Ordnung zwischen Gewaltproduktion und Friedensstiftung. Baden-Baden 1993, S. 49-70.

Brzoska, Michael: Bedrohung aus dem Süden ? Massenvernichtungsmittel in der Dritten Welt. In: Matthies, Volker (Hrsg.): Kreuzzug oder Dialog. Die Zukunft der Nord-Süd-Beziehungen. Bonn 1992, S. 41-55.

Buchsteiner, Jochen: Indonesien - Ein Elefant erhebt sich. In: ZEIT-Punkte Nr. 4 / 1995, S. 58-62.

Childers, Erskine / Urquhart, Brian: Renewing the United Nations System. Uppsala 1994.

Clairmonte, Frederick: The arms trade and the Third World. In: Third World Resurgence Nr. 18/19 1992, S. 28-30.

Colard, Daniel: Le Mouvement des Pays Non-Alignés. Paris 1981.

– Le Huitième Sommet des PNA: Harare, 1-6 Septembre 1986. In: Arès, Défense et Sécurité Vol. 9, 1987 (2), S. 57-68.

– Le Sommet des Non-Alignés et la Sécurité Internationale. In: Défense Nationale, Février 1990, S. 73-83.

– La crise d'identité des pays non-alignés. In: Défense Nationale, Avril 1993, S. 109-116.

Commission on Global Governance: Our Global Neighbourhood. 1995.

Crnobrnja, Bogdan: Die internationalen Beziehungen und die blockfreie Politik in der Gegenwart. In: Internationale Politik 40. Jg. (1989), Heft 932, S. 12-14.

Czempiel, Ernst-Otto: Weltpolitik im Umbruch. München (2. Auflage) 1993.

Datta, Asit: Viele Verlierer. Mit dem freien Welthandel in die GATTastrophe. In: epd-Entwicklungspolitik 7/8 / 94, S. 17-20.

Deiseroth, Dieter: Haager Votum gegen Atomwaffen. In: Blätter für deutsche und internationale Politik 9 / 1996, S. 1045-1050.

Dembinski, Matthias: Nichtverbreitungsvertrag ... In: Vereinte Nationen 3 / 1995, S. 114-116.

Dicke, Klaus: Effizienz und Effektiviät internationaler Organisationen. Berlin 1994.

– Völkerrechtspolitik und internationale Rechtsetzung. In: Zeitschrift für Gesetzgebung 3 / 1988, S. 193-224.

– Menschenrechte. In: Woyke, Wichard (Hrsg.): Handwörterbuch Internationale Politik. Opladen (6. Auflage) 1995, S. 269-276.

– Friedenswahrung durch Interventionen ? Die Notwendigkeit eines internationalen Ordnungsrechts. In: Internationale Politik (vormals Europa-Archiv) Nr. 12 / 1995, S. 21-26.

Dippe, Karen / Herzog, Roman: Die Auswirkungen der Veränderungen in Osteuropa auf den „Nord-Süd-Konflikt". In: Peripherie Nr. 41 (1991), S. 25-49.

Dutt, V.P.: New World Disorder. In: World Focus Volume 13, Nr. 11-12 (Nov.-Dec.) 1992, S. 7-9 und 14.

Elias, Taslim Olawale: Modern Sources of International Law. In: ders.: Transnational Law in a Changing Society. Essays in Honor of Philip C. Jessup. New York / London 1972.

Falk, Rainer: Schlechte Zeiten oder neue Chancen ? Der Umbruch in Europa und die Dritte Welt. In: Internationale Politik 41. Jg. (1990), Heft 961, S. 24-29.

Falk, Richard: On the Quasi-Legislative Competence of the General Assembly. In: The American Journal of International Law Vol. 60 / 1966, S. 782-791.

Farah, Elijas: Blockfreiheit: Wirklichkeit und Perspektiven. In: Internationale Politik 40. Jg. (1989), Heft 944-945, S. 9-13.

Franck, Thomas M.: Soviet Initiatives: U.S. Responses - New Opportunities for Reviving the United Nations System. In: The American Journal of International Law Vol. 83 / 1989, S. 531-543.

Fritsche, Klaus: Auf der Suche nach neuen Wegen. In: epd-Entwicklungspolitik 14 / 89, S. 25-27.

– Wende der Blockfreien in Belgrad. In: epd-Entwicklungspolitik 18 / 89, S. 14-16.

– Die 9. Gipfelkonferenz der Blockfreien in Belgrad. In: Deutsches Übersee-Institut Hamburg (Hrsg.): Jahrbuch Dritte Welt 1991, S. 228-235.

Frowein, Jochen A.: Der Beitrag der internationalen Organisationen zur Entwicklung des Völkerrechts. In: Zeitschrift für ausländisches öffentliches Recht und Völkerrecht 36 / 1976, S. 147-166.

Gopal, B.: Relevance of Non-Alignment. In: The Indian Journal of Political Science Vol. 52, Nr. 1 (January-March) 1991, S. 54-73.

Goyal, D.R.: Non-Alignment and Nehru. In: India Perspectives September 1989, S. 33-38.

– NAM: Help to Advanced Nations Only. In: World Focus Vol. 10, Nr. 10 (Oct.) 1989, S. 11-12 und 16.

– Gulf War: NAM's Poor Response. In: World Focus Vol. 12, Nr. 8 (August) 1991, S. 21-25.

Grabendorff, Wolf: Lateinamerika in einer neuen internationalen Ordnung. In: Europa-Archiv 20 / 1993, S. 587-594.

Heinz, Ursula E.: Weltwirtschaftsordnung. In: Wolfrum, Rüdiger (Hrsg.): Handbuch Vereinte Nationen. München 1991, S. 1080-1088.

Hippler, Jochen: Pax Americana ? Neue Weltordnung und Dritte Welt. In: Matthies, Volker (Hrsg.): Kreuzzug oder Dialog. Die Zukunft der Nord-Süd-Beziehungen. Bonn 1992, S. 25-40.

Hrbek, Rudolf: Europäische Gemeinschaft. In: Woyke, Wichard (Hrsg.): Handwörter-buch Internationale Politik. Opladen (6. Auflage) 1995, S. 93-102.

Hummer, Waldemar: Balkankonflikt. In: Woyke, Wichard (Hrsg.): Handwörterbuch Internationale Politik. Opladen (6. Auflage) 1995, S. 22-38.

Huntington, Samuel P.: The Clash of Civilizations ? In: Foreign Affairs, Summer 1993, S. 22-49.

Hurtig, Christiane: L'Inde et le néant: non-alignée, mais avec qui ? In: Défense Natio-nale, Avril 1992, S. 57-66.

Independent Working Group on the Future of the United Nations: The United Nations in its Second Half-Century. New York 1995.

International Commission on Peace and Food: Uncommon Opportunities: An Agenda for Peace and Equitable Development. 1994.

Jackson, Richard L.: The Non-Aligned, the UN and the Superpowers. New York 1983.

Jaipal, Rikhi: Die Blockfreiheit auf der neunten Gipfelkonferenz. In: Internationale Politik 40. Jg. (1989), Heft 941, S. 21-23.

Jankowitsch, Peter: Auferstehung der Blockfreien ? In: Internationale Politik 39. Jg. (1988), Heft 925, S. 1-2.

– Gemeinsames Haus Welt ? In: Österreichisches Jahrbuch für internationale Politik 6 / 1989, S. 76-95.

Jansen, G.H.: The Non-Aligned Movement still has a role. In: Third World Resurgence Nr. 26 / 1992, S. 25.

– Neue Stärke. In: epd-Entwicklungspolitik 15/16 / 92, S. 19-20.

Jayaramu, P.S.: New World Order, Non-Aligned Movement and India. In: India Quarterly Vol. 48, Nr. 1-2 (Jan.-June) 1992, S. 23-30.

Jazic, Zivojin: Non-Alignment and Asia. In: India Quarterly Vol. 44, Nr. 1-2 (January-June) 1988, S. 21-27.

– Institutionalismus und Blockfreiheit. In: Internationale Politik 39. Jg. (1988), Heft 916, S. 6-9 und Heft 917, S. 23-26 (zwei Teile).

– Blockfreiheit und Revival der UNO. In: Internationale Politik 40. Jg. (1989), Heft 951, S. 18-21.

– Rolle der UNO-Menschenrechtskommission. In: Internationale Politik 41. Jg. (1990), Heft 960, S. 19-22.

Kerim, Srdjan: Gipfeltreffen der Gruppe 15. In: Internationale Politik 41. Jg. (1990), Heft 965, S. 7-10.

Kidwai, M. Saleem: Relevance of Non-Alignment. In: Review of International Affairs Vol. 43, Heft 1004, S. 21-22.

Kim, Samuel S.: The United Nations and Development of International Law. In: Rajan, M.S. / Mani, V.S. / Murthy, C.S.R. (Hrsg.): The Non-Aligned and the United Nations. Dobbs Ferry, New York 1987, S. 1-16.

Kimminich, Otto: Abrüstung. In: Wolfrum, Rüdiger (Hrsg.): Handbuch Vereinte Nationen. München 1991, S. 9-16.

Kotthaus, Hans-Peter / Ferdowski, Mir A.: Nasserismus. In: Nohlen, Dieter (Hrsg.): Lexikon Dritte Welt. Reinbek bei Hamburg 1994, S. 498f.

Krause, Joachim: Nichtverbreitung: Ringen um die Vertragsverlängerung. In: Vereinte Nationen 1 / 1995, S. 1-7.

– Die Zukunft der nuklearen Nichtverbreitung. In: Internationale Politik (vormals Europa-Archiv) Nr. 6 / 1995, S. 61-62.

Krauthammer, Charles: The Unipolar Moment. In: Foreign Affairs Nr. 1, 1990/91, S. 23-33.

Krell, Gert: Das Weltsystem nach dem Ost-West-Konflikt: Konfliktpotential und Friedensperspektiven. In: Wolf, Klaus Dieter (Hrsg.): Ordnung zwischen Gewaltproduktion und Friedensstiftung. Baden-Baden 1993, S. 15-29.

Krishnan, N.: United Nations at Crossroads. In: World Focus Vol. 16, Nr. 9 (Sept.) 1995, S. 3-7 und 21.

Kühne, Winrich: Die Nord-Süd-Beziehungen nach dem Ende des Ost-West-Konflikts. In: Forndran, Erhard (Hrsg.): Politik nach dem Ende des Ost-West-Konflikts. Baden-Baden 1992, S. 79-97.

Loth, Wilfried: Ost-West-Konflikt. In: Woyke, Wichard (Hrsg.): Handwörterbuch Internationale Politik. Opladen (6. Auflage) 1995, S. 370-378.

Lübkemeier, Eckhard: Nukleare Rüstung und Rüstungskontrolle. In: Woyke, Wichard (Hrsg.): Handwörterbuch Internationale Politik. Opladen (6. Auflage) 1995, S. 352-360.

Martens, Jens: Weltsozialgipfel ... In: Vereinte Nationen 3 / 1995, S. 118-119.

– USA wollen radikale Umstrukturierung der UNO. In: epd-Entwicklungspolitik 18/19 / 95, S. 8-9.

Mates, Leo: Es begann in Belgrad. Percha 1982.

Matthies, Volker: Die Blockfreien - Ursprünge, Entwicklung, Konzeptionen. Opladen 1985.

– „Feindbild" Dritte Welt ? Wider die Militarisierung und Marginalisierung der Nord-Süd-Beziehungen. In: ders. (Hrsg.): Kreuzzug oder Dialog. Die Zukunft der Nord-Süd-Beziehungen. Bonn 1992, S. 7-22.

May, Bernhard: Der erfolgreiche GATT-Abschluß - ein Pyrrhussieg ? In: Europa-Archiv 2 / 1994, S. 33-42.

McWhinney, Edward: The „Old" and the „New" International Law. United Nations Law-Making for an Era of Transition. In: Rajan, M.S. / Mani, V.S. / Murthy C.S.R. (Hrsg.): The Non-Aligned and the United Nations. Dobbs Ferry, New York 1987, S. 17-30.

Melchers, Konrad: IWF / Weltbank-Jahrestagung ohne Jubiläumsbonus. In: epd-Entwicklungspolitik 20/21 / 94, S. 17-23 und Rückseite des Titelblatts.

– Szenario für die Handelsbombe. Vor UNCTAD IX: „Globalisierung durch Liberalisierung". In: epd-Entwicklungspolitik 7 / 96, S. 15-19.

– Totgesagte leben länger. Nach UNCTAD IX: eine gestraffte Organisation mit Zukunft. In: Vereinte Nationen 4 / 1996, S. 147-153

Menzel, Ulrich: Das Ende der „Dritten Welt" und das Scheitern der großen Theorie. In: Politische Vierteljahresschrift 32 (1991) 1, S. 4-33.

– 40 Jahre Entwicklungsstrategie = 40 Jahre Wachstumsstrategie. In: Nohlen, Dieter / Nuscheler, Franz (Hrsg.): Handbuch der Dritten Welt, Band 1: Grundprobleme, Theorien, Strategien. Bonn 1993, S. 131-155.

Meyns, Peter: Unity and Heterogenity - Explanatory Models of Non-Alignment in World Politics. In: Law and State Vol. 37, 1988, S. 42-71.

Minic, Milos: Die Grossmächte und die Sicherheit der blockfreien Länder. In: Internationale Politik 39. Jg. (1988), Heft 913, S. 1-8.

Mishra, Dip Narain: Restructuring the United Nations - U.S. vs. NAM. In: India Quarterly Nr. 4 (Oct.-Dec.) 1992, S. 71-76.

Mishra, Girish: Prospects of North-South Dialogue. In: World Focus Vol. 15, Nr. 2 1994, S. 6-8.

Misra, K.P.: Nonaligned Movement Back on the Rails: A Study of the Jakarta Summit. In: International Studies 30, 1 (1993), S. 1-14.

Mohite, Dilip: Ideological Foundations of Nehru's Nonalignment. In: The Indian Journal of Political Science Vol. 53, Nr. 1 (January-March) 1992, S. 24-38.

Morphet, Sally: The Non-Aligned Movement and the Foreign Ministers' Meeting at Nicosia. In: International Relations (7) 5, 1989, S. 393-405.

– The Non-Aligned in 'The New World Order': The Jakarta Summit, September 1992. In: International Relations (11) 4, 1993, S. 359-380.

Mortimer, Robert A.: The Third World Coalition in International Politics. New York 1980.

Müller, Friedemann: Internationale Konflikte durch Umweltgefährdung. In: Europa-Archiv 16 / 1993, S. 471-480.

Müller, Harald: Das Klima leidet. In: DIE ZEIT Nr. 26 vom 23. Juni 1995.

– Historische Entscheidung ? Zur Verlängerung des Atomwaffensperrvertrages. In: epd-Entwicklungspolitik 14/15 / 95, S. t-z2.

Nohlen, Dieter: Neue Weltwirtschaftsordnung (NWWO). In: ders. (Hrsg.): Lexikon Dritte Welt. Reinbek bei Hamburg 1994, S. 507-509.

Nohlen, Dieter / Nuscheler, Franz: Was heißt Unterentwicklung ? In: dies. (Hrsg.): Handbuch der Dritten Welt, Band 1: Grundprobleme, Theorien, Strategien. Bonn 1993, S. 31-54.

Nuscheler, Franz: Hilfe für den Osten auf Kosten der Dritten Welt ? Berechtigte Befürchtungen. In: der überblick 4 / 89, S. 70-72.

– Entwicklungspolitische Bilanz der 80er Jahre - Perspektiven für die 90er Jahre. In: Nohlen, Dieter / ders. (Hrsg.): Handbuch der Dritten Welt, Band 1: Grundprobleme, Theorien, Strategien. Bonn 1993, S. 156-178.

– Menschenrechte und Entwicklung - Recht auf Entwicklung. In: Nohlen, Dieter / ders. (Hrsg.): Handbuch der Dritten Welt, Band 1: Grundprobleme, Theorien, Strategien. Bonn 1993, S. 269-286.

Oberthür, Sebastian: Rio: kein Mißerfolg. In: Europa-Archiv 20 / 1992, S. 595-602.

Opitz, Peter J.: Droht der große Marsch gen Norden ? Flüchtlingsströme und Völkerwanderungen. In: Matthies, Volker (Hrsg.): Kreuzzug oder Dialog. Die Zukunft der Nord-Süd-Beziehungen. Bonn 1992, S. 90-106.

Oppermann, Thomas / Beise, Marc: GATT-Welthandelsrunde und kein Ende ? In: Europa-Archiv 1 / 1993, S. 1-11.

Otterbein, Karl: Süd-Süd-Gipfel 1996. In: epd-Entwicklungspolitik 22 / 94, S. 4-5.

Panda, Rajaram: Japan, Germany and the UN Security Council. In: India Quarterly 48 / 1992, S. 51-70.

Panikkar, K.R.: Has the Non-Alignment Movement become irrelevant ? In: Third World Resurgence Nr. 26 / 1992, S. 23-24.

Penintaex, George: NAM to play role in world affairs. In: Third World Resurgence Nr. 18/19 / 1992, S. 42.

Petcovic, Ranko: Veränderungen in der Blockfreiheit, nur welcher Art ? In: Internationale Politik 40. Jg. (1989), Heft 937, S. 11-13.

- The Non-Aligned in Jakarta. In: Review of International Affairs Vol. 43, Heft 1007-8, S. 7-8 und 29.

Raghavan, Chakravarthi: Jakarta Summit reinvigorates NAM. In: Third World Resurgence Nr. 26 / 1992, S. 27.

Rajan, M.S.: The Future of Nonalignment and the Nonaligned Movement. Some Reflective Essays. Neu-Delhi 1990.

- The Non-Aligned Movement: Retrospect and Prospect. In: ders.: The Future ... a.a.O., S. 1-9.

- The New *Détente* and Nonalignment. In: ders.: The Future ... a.a.O., S. 37-43.

- Nonalignment in a Changing World. In: ders.: The Future ... a.a.O., S. 44-51.

- NAM to be Re-structured ? In: ders.: The Future ... a.a.O., S. 52-55.

- NAM: Proposed Distortion of Priorities. In: ders.: The Future ... a.a.O., S. 56-61.

- China and the Nonaligned Movement. In: ders.: The Future ... a.a.O., S. 77-81.

- The Eighth Nonaligned Summit Conference. In: ders.: The Future ... a.a.O., S. 82-106.

- The Policy and Movement of Nonalignment: Unsatisfactory Correlation. In: ders.: The Future ... a.a.O., S. 114-121.

- The Nonaligned World in the 1990s. In: International Studies 26, 3 (1989), S. 209-232.

- „Modernizing" the NAM ?: The Ninth Nonaligned Summit Conference, 1989. In: International Studies 27, 2 (1990), S. 113-133.

- The Sovereign-Nation-State System, the Nonaligned and the Democratization of International Relations. In: International Studies 28, 2 (1991), S. 111-127.

- The Emerging New World Order. In: World Focus Vol. 13, Nr. 11-12 (Nov.-Dec.) 1992, S. 3-6.

- India's Foreign Policy: The Continuing Relevance of Nonalignment. In: International Studies 30, 2 (1993), S. 141-150.

Rana, A.P.: A Crisis of Nomenclatural Identity. In: World Focus Vol. 10, Nr. 6 (June) 1989, S. 10-12.

Riedel, Eibe: Recht auf Entwicklung (und Drittgenerationsrechte). In: Wolfrum, Rüdiger (Hrsg.): Handbuch Vereinte Nationen. München 1991.

Ruf, Werner: Die neue Welt-UN-Ordnung. Münster 1994.

Sahovic, Milan: Vereinte Nationen am Wendepunkt. In: Internationale Politik 40. Jg. (1989), Heft 930, S. 29-31.

Saksena, K.P.: Reforming the United Nations. The Challenge of Relevance. Neu-Delhi, London, Newbury Park 1993.

– Peace-keeping at Crossroads. In: World Focus Vol. 15, Nr. 10 (Oct.) 1994, S. 3-7.

– Period of Tribulations. In: World Focus Vol. 16, Nr. 9 (Sept.) 1995, S. 8-14.

Schaper, Annette: Der Umfassende Teststoppvertrag: kurz vor dem Ziel - oder gescheitert ? In: HSFK-Standpunkte Nr. 7 (August) 1996, S. 1-16.

Schmid, Claudia: Regionalkonflikte in der Dritten Welt nach dem Ende des Ost-West-Konflikts: alte Probleme und neue Trends. In: Wolf, Klaus Dieter (Hrsg.): Ordnung zwischen Gewaltproduktion und Friedensstiftung. Baden-Baden 1993, S. 111-127.

Schuler, Thomas: UN: Debatte um Entwicklungsagenda. In: epd-Entwicklungspolitik 23/24 / 94, S. 4-5.

– Jubiläum: UNO vor der Pleite. In: epd-Entwicklungspolitik 20 / 95, S. 5-6.

Seidelmann, Reimund: Souveränität. In: Woyke, Wichard (Hrsg.): Handwörterbuch Internationale Politik. Opladen (6. Auflage) 1995, S. 398-403.

Sen Gupta, Bhabani: Blockfreiheit und Weltfrieden. In: Internationale Politik 40. Jg. (1989), Heft 935, S. 1-3.

Silovic, Darko: Modernisierung der blockfreien Bewegung und das IX. Gipfeltreffen. In: Internationale Politik 39. Jg. (1988), Heft 928, S. 3-4.

Simma, Bruno: Methodik und Bedeutung der Arbeit der Vereinten Nationen für die Fortentwicklung des Völkerrechts. In: Kewenig, Wilhelm A. (Hrsg.): Die Vereinten Nationen im Wandel. Berlin 1975, S. 79-102.

Sinai, Peter Lynn: Europe and the Third World. In: World Focus Vol. 13, Nr. 9-10 (Sept.-Oct.) 1992, S. 34-36.

Singham, A.W. (Hrsg.): The Non-Aligned Movement in World Politics. Westport, Conn. 1979.

- Umstrukturierung der Grossmächte und der Blockfreiheit auf dem Belgrader Gipfel. In: Internationale Politik 40. Jg. (1989), Heft 952, S. 5-9.

Singham, A.W. / Hune, Shirley: Non-Alignment in an Age of Alignments. London, Westport, Harare 1986.

Skriver, Ansgar: Bevölkerung und Entwicklung ... In: Vereinte Nationen 5 / 1994, S. 180-181.

South Centre: Non-Alignment in the 1990s: Contributions to an Economic Agenda. Genf 1992.

- Enhancing the Economic Role of the United Nations. Genf 1992.

- Reforming the United Nations. A View from the South. Genf 1995.

South Commission: The Challenge to the South. The Report of the South Commission. New York 1990.

Subrahmanyam, K.: New Challenges, New Goals. In: World Focus Vol. 10, Nr. 6 (June) 1989, S. 3-5.

Sukup, Viktor: Japan, die „Tiger" Asiens und Lateinamerika. In: epd-Entwicklungspolitik 20 / 95, S. 25-28.

Taake, Hans-Helmut: Promoting Non-Alignment and Self-Reliance. China's Development Policy. In: D+C Development and Cooperation 5/6 / 1994, S. 24.

Tetzlaff, Rainer: Die Weltbank: Machtinstrument der USA oder Hilfe für die Entwicklungsländer ? München, London 1980.

- Strukturanpassung - das kontroverse entwicklungspolitische Paradigma in den Nord-Süd-Beziehungen. In: Nohlen, Dieter / Nuscheler, Franz (Hrsg.): Handbuch der Dritten Welt, Band 1: Grundprobleme, Theorien, Strategien. Bonn 1993, S. 420-445.

Thakur, Ramesh: India after Nonalignment. In: Foreign Affairs 71 Nr. 2 (Spring 1992), S. 165-182.

Tomuschat, Christian: Die Charta der wirtschaftlichen Rechte und Pflichten der Staaten. Zur Gestaltungskraft von Deklarationen der UN-Generalversammlung. In: Zeitschrift für ausländisches öffentliches Recht und Völkerrecht 36 / 1976, S. 444-490.

- Die Zukunft der Vereinten Nationen. In: Europa-Archiv 2 / 1992, S. 42-50.

Verdross, Alfred / Simma, Bruno: Universelles Völkerrecht. Berlin (3. Auflage) 1984.

Viswam, S.: G-7 and Third World. In: World Focus Vol. 16, 6 / 1995, S. 21-23.

Wartenweiler, Roland: Ein Markstein der Weltwirtschaftsgeschichte. Zum Verhandlungsabschluß der Uruguay-Runde. In: Vereinte Nationen 3 / 1994, S. 87-92.

Weeramantry, C.G.: Non-Aligned Movement: Some Issues for Consideration. In: Pakistan Horizon Vol. 42, Nr. 3-4 (Oct. 1989), S. 135-189.

von Weizsäcker, Richard: UN-Reform als Vorbereitung auf die nächsten 50 Jahre. In: Vereinte Nationen 5-6 / 1995, S. 179-183.

Williams, Marc: Re-articulating the Third World Coalition: the role of the environmental agenda. In: Third World Quarterly Vol. 14, 1 / 1993, S. 7-29.

Wolfrum, Rüdiger: Die Entwicklung des internationalen Menschenrechtsschutzes. Perspektiven nach der Weltmenschenrechtskonferenz von Wien. In: Europa-Archiv 23 / 1993, S. 681-690.

Wolpin, Miles D.: Third World Non-Alignment: Does It Make a Difference ? In: Bulletin of Peace Proposals Vol. 20 (1) 1989, S. 99-112.

Woyke, Wichard: NATO. In: ders. (Hrsg.): Handwörterbuch Internationale Politik. Opladen (6. Auflage) 1995, S. 325-334.

Wulf, Herbert: Waffenexport zu Beginn der neunziger Jahre. In: Europa-Archiv 11 / 1992, S. 313-322.

Yadav, R.S.: NAM in the New World Order. In: India Quarterly Vol. 49, Nr. 3 1993, S. 47-68.

If you have any concerns about our products,
you can contact us on
ProductSafety@springernature.com

In case Publisher is established outside the EU,
the EU authorized representative is:
Springer Nature Customer Service Center GmbH
Europaplatz 3, 69115 Heidelberg, Germany

Printed by Libri Plureos GmbH
in Hamburg, Germany